Mischa Meier

查士丁尼大帝

统治、帝国和宗教

JUSTINIAN. HERRSCHAFT, REICH UND RELIGION

〔德〕米沙·迈尔 / 著

陈思艾 / 译

社会科学文献出版社
SOCIAL SCIENCES ACADEMIC PRESS (CHINA)

第一章 "受命上帝，以导吾国……"：
查士丁尼的帝制

530 年 12 月 15 日，查士丁尼大帝下令成立了一个委员会：它将负责把在过去几个世纪中累积起来的大量法律评论与意见总结编纂为一部统一的、便于使用的合集［即后来的《学说汇纂》(*Digesta*)］。确立这一任务的书面法令在序言部分庄严地记载了查士丁尼对自己的理解。在古典时代晚期，没有任何一个皇帝比查士丁尼更清晰地表达过对神授予自身的使命的不可动摇的信仰。查士丁尼写道："受命上帝，以导吾国；天之至高者既授社稷于朕，吾人幸得止战事、享太平、保共同体之赓续。且吾辈今已全心仰赖万能上主之护佑，故无须枕干戈、依士卒、恃将才或自身之禀赋，而唯以至高三一（即三位一体）之审慎照护为一切希望之源。三一生天地万物之根本，并造作秩序，纳万物于宇宙循环之中。"[见《学说汇纂》编纂令（Deo auctore）]

此时，从查士丁尼作为其舅舅查士丁一世的继承者登上罗马帝国的皇位之日算起，已经过去三年。而最迟也是在这个时候，当时的所有人都从上面的法令中清楚地认识到，在查士丁一世的统治（518~527年）之下以及特别是在查士丁尼在位期间（527~565年），一些至关重要的变化已经悄然发生。几个世纪以来，帝国显然都深受基督教的熏陶。君士坦丁大帝（306~337年在位）是第一位基督教皇帝，狄奥多西一世（379~395年在位）、狄奥多西二世（408~450年在位），以及其他皇帝都在帝国逐渐基督教化的进程中迈出了重要的步伐。然而在查士丁一世和查士丁尼的时代，基督教帝国收获了一种新的特质：皇帝和帝制从此只由其与上帝的联系来决定。在所有古典时代晚期的帝王中，查士丁尼大帝的形象是最为"基督教"的，他对其神授使命的解读也是最为一贯的。一种即便对当时来说也是不同寻常的虔诚态度——这可以在大量的记载中得到证实，且许多概念在当时都已成为习语——以及一种深刻的使命意识，成为对凌驾于罗马帝国之上的基督教皇权概念进行严格解释的基础。可是在查士丁尼之前，这一概念的内容到底如何呢？

335年，当君士坦丁大帝隆重庆祝其登基三十年之际，凯撒里亚（Kaisareia，今属巴勒斯坦地区）的主教、德高望重的神学家尤西比乌斯（Eusebios）以皇帝为赞颂对象进行了在这类场合中必不可少的庆典演说，并在其中阐述了基督教帝国的概念。根据尤西比乌斯的观点，地上的帝国是依据上帝的天国建造的。而正如上帝是天国的唯一主宰一样，人间政权的形式也只可能是君主制。如此一来，帝制本身就首先从神学上得到了理论依据，并从原则上被正当化了。尤西比乌斯接着论证道，皇帝是由上帝确立的，并作为后者在人间的代理人。他是上帝的一位特殊朋友，而他的使命则是他通过一定的美德获得的。这些美德首先包含虔诚和对真理的热爱；此外，皇帝还是聪慧、仁善、正义、谨慎、勇敢和热爱上帝的——最后一点是不言而喻的。他是真正的专制君主、真正的胜利者和一个真实的哲学王。这段论述中尤其引人注目的是，尤西比乌斯成功地把古典时代数百年来关于统治者的理想与基督教的价值联系了起来。由上帝授权的皇帝的任务则是让人们尊崇神。但首先——这也是尤西比乌斯的概念的核心——皇帝自己必须努力在所有方面都以上帝，即以基督，为榜样。基督教皇帝的统治因此也就是对上帝的模仿（*mímesis theoú*，*imitatio Dei*），正如人间的帝国是对天国的模仿一样。

当然，这个概念仅仅是一个理想；它的纯粹形式并不会直接转变为现实。但是这一理想至少成了后继的基督教皇帝们自身统治理念的出发点。因为它有着一种十分重要的优越性：在不需要把皇帝本身当作上帝的情况下，它依然能在神学层面奠定皇帝的统治权，从而——至少根据这一理论——使这一统治权免于任何批评。尽管如此,这并不能阻止起义与暴乱:如果它们被成功镇压了,那么皇帝统治的正当性就变得尤为突出;相反,如果皇帝被赶下了宝座,那么其原因在事后看来也是十分清楚的,即他并没有充分地完成上帝交给他的任务。

古典时代晚期的皇权还有着另一面,而尤西比乌斯却丝毫没有提到这一点。正因为这一皇权不仅是"基督教的",而且还首先是"罗马的",因此它也依赖于罗马帝国的悠久传统,而罗马的皇帝们——至少在理论上——又始终自认为是在形式上仍未消亡的古罗马共和国的管理者。在共和国中,罗马人民(*populus Romanus*)是最高的统治者。因此我们也就明白,为什么那些从一开始就将政权建立在军队、人民和元老院软弱被动的接受与许可之上的皇帝们依然要强调他们是经由人民的选举产生的,即便是在这样的宣言与现实情况相矛盾的时候也是如此。即使是在古典时代晚期,有一点依然是十分明确的:人民——其中,自 5 世纪开始,"东方的"人民首先指的是君士坦丁堡的人民——仍然必须被当作皇帝统治权的一个核心支柱，因此人民也必须得到认真对待；这在帝国都城所经历的一系列血腥起义中也得到了证实。第一位深刻地将这一特征改变并从遵循上帝委任的角度拒绝承认人民的重要角色的皇帝正是查士丁尼。君士坦丁堡的亚加执事（Agapitus）① 在查士丁尼大帝统治的早期编著了涉及君王治国方略的书，但书中内容实际上是对查士丁尼统治理念的粗略描述。其中有一段话对上述改变作了简明扼要的描述："上帝不需要任何事或任何人；而皇帝只需要上帝。"相反，人民的骚乱则被认为不过是如犬吠一般。

早在查士丁尼登基的时候，他就和盘托出了他所特有的自我理解。很幸运的是，针对5世纪和6世纪的一些登基仪式我们仍然保留有简短的"登基纪要"。虽然它们是在君士坦丁七世（10世纪）时被搜集起来的，但它们却以6世纪的记录作为基础。在这一文献中，我们也能找到一份关于查士丁尼的登基典礼的简报。报

---

① 生于494年，于535年出任罗马天主教教宗（亚加一世），一年后在君士坦丁堡去世。（如无特别说明，本书页下注均为译者注。）

告写到，当时查士丁一世已然身患重病，于是元老院请他指定继任者。因此他于527年4月1日在三榻厅（Triklinos，一个在许多不同场合都可以被使用的宴会厅）将查士丁尼立为（共治的）皇帝。而在三天之后，即4月4日，查士丁才召开了有显贵和元老参与的大会，此外卫队和士兵也要参与其中。但这次大会同样是在宫殿之内举行的。在场的君士坦丁堡牧首①作了祈祷，随后为查士丁尼进行了加冕。

为了认清这一次加冕程序的特殊性，我们必须把它与其他在类似情况下发生且时间上相距不远的加冕仪式进行对比。474年利奥一世为自己的孙子利奥二世进行的加冕可以作为一个参照事件。利奥一世同样是重病在床，且马上就要撒手人寰了，于是人们也请求他确定下一任皇帝的人选。因此在竞技场中（君士坦丁堡中为举行马车比赛而建造的大型场馆）聚集起了人民、外使和所有士兵；人民和士兵们呼喊

① Patriarch，或译作"大教长""宗主教""大主教"，是东正教中比一般主教位阶更高的教区首脑。查士丁尼时代共有五个牧首教区（罗马、君士坦丁堡、耶路撒冷、亚历山大和安条克）。

着皇帝，直到后者和元老们一同现身于竞技场。这时，皇帝的孙子仍然和牧首停留在三楼厅，并等候着信号。人们庄严地向利奥一世行礼问候，并齐声向皇帝呼喊，请他立自己的孙子为帝。过了一会儿，他才让利奥（二世）走出来。牧首念了一段祈祷文，众人齐声念道"阿门"，而在这庄严的祝福中，利奥一世将皇冠戴到了自己继承人的头上。此后，牧首便退下，新皇帝向人民问候致意，而人民则致以欢呼。皇帝也让城市的长官和元老们服侍自己。最后士兵们也如往常一样获得了他们的赏金。

古典时代的那位报告记录者自己已经发现了查士丁尼所带来的重要革新：加冕仪式不是在竞技场中进行——这是皇帝与人民最重要的会面场所——而是在宫殿之中，甚至是在排除了人民的情况下。在 4 月 4 日举行的仪式上，查士丁和查士丁尼虽然邀请了牧首、显贵、元老及士兵，却没有邀请民众，甚至连经过挑选的民众代表也没有。有人把原因归结为查士丁已经身患重病。可是利奥一世也曾拖着病体前往竞技场，为什么查士丁的疾病就会让皇帝选择只邀请士兵，而不考虑邀请一些民众代表呢？不，疾病并不是原因——把民众排除在外的做法一定是经过深思熟虑的，而这也体现了查士丁尼自我认识的一些特点。而且查士丁尼自身并不十分看重这次加冕仪式：他认定自己的统治权从4月1日起，也就是他的舅舅任命他为共治皇帝的那天，就已经生效了。

因此，查士丁尼仅仅是从上帝手中——通过他舅舅查士丁的居中运作——接过了统治权。这远不符合当时人们普遍认可的观点，因为我们发现有不同的声音极其尖锐地批评了查士丁尼的这种态度。然而就在查士丁一世登基之后不久，他和他的外甥已经把他们受命于天的想法在与教宗何尔米斯达（Hormisdas，514~523年在位）的信件往来中表露无遗。查士丁尼显然十分确信，事情的发展都是上帝作用的结果。这样一来，胜利对于他来说就是上帝的馈赠，而挫折、失利或是自然灾害则是上帝的惩罚。查士丁尼的这一根本态度是特别值得我们时刻注意的。因为如果我们忘记了这一点，那么在他漫长的统治生涯中发生的许多事情将难以找到合理的解释。

"唯受命于上帝"这一坚定信念所带来的第一种结果便是对皇帝形象的呈现在逐步发生变化，这在查士丁尼登基之初就有所体现了。在许多例子中我们都能清楚地看到基督教化的倾向。比如，传统的刻在金币（solidi）上的胜利女神的形象现在变成了天使；在基督教的符号体系中代表世界统治权的球体与十字架也变得越来越重要。这些变化在一尊被称为"巴尔贝里尼（Barberini）象牙雕"的著名的浅浮雕作品中表现得尤为明显。尽管雕像的具体创作年代存在争议，但它大致创造于查士丁尼统治初期。作品中，皇帝身披甲胄，骑在一匹骏马之上，且正在把他的长矛有力地插入大地。作品中也有一系列十分有趣的细节，比如垂头丧气的外邦人和另外一个人物——或许是一位执政官。然而最为关键的是，位于整件作品正上方的是正在赐福的基督，他身后的圆形雕饰由左右两个天使共同握持。在这里，艺术家充分地展示了谁才是皇帝以及其权力的创造者和保护者。

图1 巴尔贝里尼（Barberini）象牙雕

第二章　查士丁一世——君士坦丁堡中的
　　　　　农家子弟

　　查士丁和查士丁尼极度的虔诚对这样的想象起到了关键性的作用，而这种非比寻常的虔诚则似乎首先要从他们社会地位的极快的提升中找到解释。从他们十分普通的出身来看，大概唯有上帝的作用才能解释从一无所有的农家子弟步步高升，直至成为世界统治者这样的童话般的历程。关于人们当时是怎样看待这一历程的，同时期最为杰出的历史学家普罗柯比（Prokop）① 为

---

① 约 500~565 年（与查士丁尼同一年去世），拉丁文名字为 Procopius，中文又译作普洛科皮乌斯，主要著作为《战争史》（Polemon，拉丁文为 Debellis）。

我们作了描述，尽管他的笔下也蕴藏了相当的恶意。《秘史》（*Anekdota*）是一部不怀好意地与查士丁尼及其妻子狄奥多拉（Theodora）清算总账的檄文式作品，是作者在其半官方的历史著作之外，为那些与皇室对抗的同袍们而写的，从中我们可以读到（第 6 章，第 2~3 节）："当利奥在拜占庭掌握皇权的时候，有三个来自伊利里亚的农民离开家乡加入了军队。这三个人是吉玛尔库斯、狄提维斯图斯和查士丁，他们都是维德里安那（Bederiana）地区的人，他们为了尽力改善自己的生活条件，不得不经常要与困苦的环境和它那随之而来的一切灾难进行斗争。于是他们自己肩上披着外衣徒步来到了拜占庭，而当他们到达拜占庭时，他们的外衣里装的只有他们在家里放进去的烤面包。于是皇帝把他们登记为士兵并指定他们担任宫廷的卫士。因为他们都是仪表非凡的男子汉……"①

---

① 此处中文译文引自普洛科皮乌斯（普罗柯比）《战争史》，王以铸、崔妙因译，北京：商务印书馆，2010，第 957 页（人名翻译略有调整）。该书译者在注解中特意说明，维德里安那是"伊利里亚的一个小村庄。（……）属达尔达尼亚地区，可能在今天的索菲亚附近"。

吉玛尔库斯和狄提维斯图斯后来的发展已经不得而知，而查士丁却迅速地攀升。在皇帝阿纳斯塔修斯（Anastasios, 491~518 年在位）对伊苏利亚（Isaurier）和波斯的战争以及镇压维塔利安（Vitalian）将军叛乱的战斗中，他积累了大量的军事经验。当阿纳斯塔修斯去世的时候，他已经成为皇宫卫队（*comes excubitorum*）的指挥官了。根据许久之后形成的一种传统说法，在最开始的时候他甚至仅仅是一个猪倌。许多资料都表明他并没有接受太多教育。但人们并不确切地知道，这一"缺失"指的是皇帝并没有高水平的文化修养，还是说他根本就连大字也不识一个——根据普罗柯比不无嘲讽的记载，他甚至必须借助镂空的模具才能签署宫廷的文件。无论如何，他确确实实来自社会的最底层，因此从一开始就招致了君士坦丁堡的贵族精英们的不满和嫌恶。他和查士丁尼在大部分东罗马的贵族那里就从没有获得过任何机会。

查士丁的故乡维德里安那在当时是达基亚（Dacia Mediterranea）行省纳伊苏斯（Naissus,

今天是塞尔维亚①境内的尼什城）附近的一处小堡垒。那里的人们讲拉丁语，并信仰在451年于迦克墩大公会议上确定的基督教教义。正如5世纪中叶的许多人一样，查士丁也离开了故乡艰苦的生活，来到都城碰碰运气。他正是那少数真正获得了好运的人中的一个。

当这三个年轻的农家子弟刚刚到达君士坦丁堡的时候，帝国都城的壮观景象一定给他们留下了难以磨灭的印象。君士坦丁堡是当时人们已知世界的中心，而且早就超越了除去光荣的历史以外已乏善可陈的罗马。在君士坦丁堡人们可以看到一切：从最盛大的富丽堂皇直至最可怜的穷困潦倒。这座城市正是依靠着其中的种种矛盾发展起来的：来自世界各地的人们都聚集于此，他们劳作经商，以求闯出一片天地。这里既有皇室的居所，也有东罗马的元老院、庞大的宫廷行政机构、各种军队编制等。牧首和东罗马位于欧亚两地各行省的大主教们也同样聚集在这座城中。正因为牧首与皇帝同

---

① 德文原书此处仍作"南斯拉夫"，现据当下的国别归属略作修正。

处一城，从 451 年起他就要求获得与罗马教宗同等的地位。同时，君士坦丁堡也是一群生生不息的人的故乡；他们中间的一部分人以接受国家的粮食补助为生，也能十分容易地陷入宗教狂热。他们总是参与到关于正确信仰的争论当中，并且也准备着在惨烈的巷战中极其顽固地为其观点战斗到底。

就今天所知的情况来说，500 年前后居住在君士坦丁堡的大多数人都信奉在 451 年迦克墩大公会议上确立的基督教信仰。然而城中却也反复出现宗教问题上的紧张局面，这是因为阿纳斯塔修斯皇帝公开表明了自己更加相信与上述信仰相对立的所谓"一性论"的教理（关于这一点更详细的叙述，请见下文第四章）。这差点让他在 512 年因此而发生的一次起义中丢掉皇位。尽管如此，在阿纳斯塔修斯皇帝去世后，以及在查士丁一世实施迦克墩大公会议决定的宗教政策之时，一性论者始终是一支不可忽视的力量：当 533 年 11 月一场大地震来袭的时候，慌乱的居民在同处当地的一性论者有目的的鼓动之下暂时转投了一性论。然而，一性论并不是当时唯一的待选项。在 6 世纪初，多种不同的基督教教理都在君士坦丁堡拥有大批信徒，并且常常成为人们激烈争辩的对象。此外，异教也依旧在很长时间内持续存在，而犹太教也同样在一定范围内传播。

当查士丁在 5 世纪 70 年代的某个时候进入君士坦丁堡时，这座都城已经有了一段跌宕起伏的历史了。330 年 5 月 11 日，君士坦丁大帝正式认定它为皇室的居住地。它地处古希腊拜占庭城遗址所在的位置，最早是由墨伽拉人（Megara）① 在公元前 7 世纪时建立的。君士坦丁一世把城市面积扩大为原来的四倍。这是一个十分出色的选择：帝国边境上所有的重要地点都可以从这里快速地到达；从黑海到爱琴海以及从欧洲到亚洲的各条商业要道在这里交叉。此外，这座城市还三面环海：北边是黄金角，东边是博斯普鲁斯海峡，南边则是马尔马拉海。陆地上的那一面已被君士坦丁大帝用高墙严加防护。从 413 年开始，狄奥多西二世就开始扩大已变得十分拥挤的城市空间，并为此在新的

---

① 墨伽拉城为一座希腊古城，位于科林斯地峡以北。

城区边缘又修筑了一道城墙。这道新城墙宽达60米，且有96个箭塔。最后，阿纳斯塔修斯在城西65公里外还建了一道防护墙，即所谓的"长城"（die Langen Mauern）。它从黑海一直绵延至马尔马拉海。这个坚固的壁垒组合不断地阻挡了外来的进攻，直至1204年。

在定都之时，君士坦丁大帝就花费了大量资金来装点这个新的基督教国都。他让人从帝国的各个角落把珍贵的艺术品带到都城，很快就使它成了一个巨型博物馆。通过初时政策所保障的特权以及不时出现的强制手段，城里的居民数量也开始持续增长。君士坦丁大帝的儿子君士坦提乌斯二世（337~361年在位）也使新都在法律上和罗马地位相当，并开始了一系列往君士坦丁堡运送圣人遗骸的行动。不久之后，博斯普鲁斯海峡旁的中心已经有了罗马所拥有的一切——只缺罗马那伟大的历史。从阿卡狄奥斯（395~408年在位）开始，皇帝们就很少再离开君士坦丁堡了；它也就成了皇帝的持续居住地。从此以后，东罗马的皇帝就住在城内东南部的一处庞大而华丽的宫殿建筑中——一座城中之城。在他身边是特别设立的卫队和大量的宫廷官员。即使是社会地位很高的人士也基本不可能见到皇帝。帝国的统治者只有在十分特殊的场合才会走出宫殿，比如在参加教会的弥撒和游行或是观看竞技场的马车竞赛的时候。竞技场里有专门的皇帝厢座（kathisma），它与皇宫是连通的。竞技场是皇帝与人民进行交流的核心场所。在这里，人们向皇帝表达他们的诉求和愿望、批评与赞美；在这里，皇帝可以了解人民的情绪，也可以庄重地执行重要的政治决定（比如行刑或是特赦）；在这里，人们也庆祝帝国生活中的重要时刻，比如执政周年庆典、皇室的婚礼、执政官的就职、君士坦丁堡建城纪念，等等。皇帝与人民在竞技场中庄严地相聚，这里也就是都城政治的中心。

由于自 5 世纪初以来皇帝就极少再离开君士坦丁堡，城市的百姓也就逐渐成了一股重要的政治力量，因为发生在君士坦丁堡的骚乱能直接动摇皇帝的政权。这一基本情况在 5 世纪时就逐渐演化为一种不稳定的且高度仪式化的君民关系。因此，皇帝懂得倾听和回应人民的感情和心理这一点就显得更为重要。君士坦丁堡的人民以他们的虔诚为傲，更确切地说是以他们"正确的"（正教的）信仰为傲，它有别于帝国内那些为数不少的异端——偏离正教且被认定为谬误的教理的基督教信仰。对正教的虔诚是帝国都城里必要的也是最为重要的品德。因此我们也看到，自5世纪以来，皇帝和他的家人都不断地通过彰显自身虔敬的展示性活动（比如谦恭地参与到忏悔游行当中）来展现他们和人民的联系。

竞技场中的马车竞赛是公共生活的高潮。就像今天足球赛的同城德比战一样，君士坦丁堡的居民也按照他们所支持的竞赛者而被分为两个阵营：绿党和蓝党。这两个所谓的"竞技场党派"（Zirkuspartei）之间的争斗往往是十分激烈的，并总是演变成街巷中的流血冲突。早先人们曾认为两个党派有着不同的基督教信仰，因而把它们之间的斗争解释为跟教会相连的政治斗争。但是这一解释却被证明是错误的。归属于哪一个党派并不是由宗教因素，也不是由政治或社会的标准来决定的，尽管有的皇帝会格外地支持其中某一派。由于两个阵营都不惮于以武力方式来解决问题，它们也就具有相当的危险性；而特别是在它们临时联合起来，一起反抗皇帝的时候，国家的命运就可能变得岌岌可危。

在皇宫北部人们可以看到君士坦丁堡的中心广场——奥古斯都广场（Augustaion）。这里矗立着元老院、大教堂、华丽的宙克西帕斯洗浴场（Zeuxippos-Thermen）和牧首巴西利卡形制的圣索菲亚大教堂。从奥古斯都广场向西延伸的商业大道叫作梅塞（Mese）大道。它是都城经济生活的中心，在它的柱廊之中满布着商铺和货摊。沿着大道前行，首先就会经过君士坦丁广场。这是一个由君士坦丁设计、本要被当作城市生活中心来使用的圆形集市广场。它被两层高的拱廊所环绕，广场中心则是高耸入云的君士坦丁纪念柱。再向西不远处便来到了有着繁复的装饰的狄奥多西广场（Forum Tauri），而最后则是费拉德尔斐广场（Philadelphion）①，这里也是都城大学的所在

---

① 意译则是"博爱广场"。

地。同时，梅塞大道在这里分岔：向南的部分穿过阿卡狄奥斯广场到达城墙的南大门，而向北的部分则会经过使徒教堂（那里有君士坦丁和他的继任者的陵墓）并最终到达城北的金门（Chariosiostor）。

君士坦丁堡拥有多个港口，因此它能保障从埃及来的运粮船只顺利地卸货。在 541 年秋天鼠疫爆发之前，城中大概有 50 万到 60 万人，而他们都要依靠这些运来的粮食。因此，查士丁尼在 539 年不得不专门设置官员［调查官（Quaesitor）］以管控运输事宜。

很显然，查士丁来到君士坦丁堡之后不久就站稳了脚跟。但当他政治生涯中最重要的时刻来临之际，他却已是一个 65 岁上下的老者了：518 年 7 月 9 日晚上，阿纳斯塔修斯皇帝在没有交代清楚皇位继承问题的情况下就逝世了。

而人们也就立即开始谈判协商。他们似乎从一开始就把阿纳斯塔修斯的三个侄子排除在了候选人之外。高级的宫廷官员、皇宫卫队的指挥官（查士丁）、牧首和元老们试图找出一个各方都认可的继承人。他们很快地考虑了许多可能，有的很快就被放弃了，有的则是因被推举的人自己拒绝（查士丁尼便是如此！）而最终没能成功。同时，民众也开始在竞技场中聚集，时间也就变得越来越紧迫了。最终，元老们特别（大概并非心甘情愿地）推举了查士丁，而这一选择最终也得到了所有人的认可。其中一个原因可能是查士丁信奉迦克墩教理；但首先显然是因为他作为卫队指挥官，知道如何有技巧地把在场的士兵作为军队代表和决定性的力量往自己一方拉拢，从而能很好地操控他的竞争对手以及他们包括元老在内的支持者。其中肯定有幕后交易，历史记载中也有提到宫廷当中的打斗。无论如何，对于当时的人来说，由这样一位年纪已大且受教育不多的士兵来继承皇位是完完全全出乎人们意料的。尤其是不久之后查士丁就为他的妻子卢比其娜取了一个更文雅的名字尤菲米娅（Euphemia），并把她封为皇后。这欺骗了整个上层社会，因为她似乎只是一个来自外族的奴隶。根据普罗柯比的说法，她最初是被查士丁买了过来当他的情妇的。

在查士丁即位之初，帝国的状况并不太好。

除了他自己要想办法稳固皇位之外，罗马和君士坦丁堡之间所谓的"阿迦修分裂"（484~519年）带来的问题也十分严峻。这是由芝诺皇帝（474~491年在位）和阿纳斯塔修斯皇帝的宗教政策引起的：在教宗们眼里，这一政策对于一性论者过于宽容，因此是不可接受的。

然而除此以外，东罗马和西方世界的关系也是十分复杂的。罗马帝国早就不再是地中海世界的霸主。476年以后，西罗马帝国更是不复存在。

在能够维持罗马帝国统一的最后一位皇帝狄奥多西一世去世之后，他的两个年仅17岁和12岁的儿子——阿卡狄奥斯（395~408年在位）在东部，霍诺里乌斯（395~423年在位）在西部——接过了皇位。霍诺里乌斯到最后也没能独立地制定和执行政策。实权被所谓的军队首长所掌握，他们大多是来自日耳曼民族的高级将领。在这类出众的人物中首推汪达尔人斯提里科（Stilicho，逝世于408年）。他把大量珍贵的资源耗费在了与东罗马的冲突当中。由此引起的一个后果则是亚拉里克（Alarich）领导下的西哥特军队成功地占领了罗马，这在当时引起了人们的震惊与恐慌。在此之后，异教徒和基督徒之间也就双方的罪过问题发生了极为尖锐的争辩；这一论辩尤其可以在奥古斯丁的《上帝之城》和奥罗修斯（Orosius）的历史著作中看到。最终，西哥特人也在高卢南部（主要是阿基坦地区）寻获了可以定居的空间，并在那里建立了自己的王国（图卢兹王国，418~507年）。早在413年，罗马人就不得不接受哥特人在勃艮第地区沃尔姆斯附近建立一处定居点的事实；而在一次与他们的大型交锋（436年）之后，一个位于萨波蒂亚（Sapaudia，今天的萨瓦地区）的新定居点又在443年建了起来。自从阿兰人（又作菴蔡人）、汪达尔人和苏维汇人在407年的元旦前夜跨过莱茵河后，他们带来的巨大影响已经使得高卢各地一片混乱。他们在全境大肆抢掠，但并没有遇到任何像样的抵抗。直到409年，他们才越过了比利牛斯山进入西班牙，并占领、瓜分了这里大部分的土地。此外，高卢境内的法兰克人很快也成长为一股不可遏制的力量。他们不仅在5世纪末清除了最后一批罗马据点，而且更是在 507 年把西哥特人赶到了比利牛斯山的另一边——西哥特人在这里建立了一个新的王国（托莱多王国）。不列颠行省早在 5 世纪上半叶就不得不被罗马人放弃了，因为驻扎在那里的士兵被紧急抽调去了其他地方。

当一支由盖萨里克（Geiserich）率领的、号称有 8 万人的汪达尔军队于 429 年在非洲登陆之后，当地大部分由罗马人建立的政权很快就土崩瓦解了。430 年，圣奥古斯丁在被汪达尔人围困的希波城中去世，而到了 439 年，迦太基城也落入了汪达尔人的手中。从这一刻起，汪达尔人的劫掠活动便成了地中海西岸的一种持久的危险。多个试图把非洲行省从汪达尔人手中抢回来的计划都以惨败告终，其中包括一次由君士坦丁堡和拉文纳（在罗马陷落后这里是西罗马领导集团新的落脚点）共同计划且花费巨大的行动（468 年）。最终，罗马人不得不彻底承认了汪达尔人对北非的统治（474 年）。

5 世纪的另一个威胁则是匈人为了抢掠财物而发动的袭击。如果说东罗马尚能勉强抵挡住他们的攻势的话，阿提拉在451年领导的对高卢的入侵对西罗马来说则差点变成一场灾难。最终，西罗马的将领埃提乌斯（Aëtius）率领着一支由罗马人、西哥特人和法兰克人组成的联军，在被众多传说笼罩着的卡塔隆平原战役中战胜了匈人。阿提拉在接下来的一年发起的对意大利的进攻也没有获得任何成效。在埃提乌斯（卒于454年）和杀他的瓦伦丁尼安三世（425~455年在位）之后，日耳曼人里希梅尔（Rikimer，卒于472年）逐渐成为西部最高的军事统帅。在他的事实统治下相继有几位短命皇帝在位，直到斯基里人奥多亚克（Odoaker）在476年毫不令人意外地把最后一位西罗马皇帝罗慕路斯·奥古斯都路斯废黜，并让他领着一份不薄的财产到那不勒斯附近的一个领地生活去了。奥多亚克派人把皇帝的仪仗送到了君士坦丁堡，并让使者传话说，从此以后西方都不需要皇帝了。之后，奥多亚克自己便以意大利之王的身份来进行统治。东罗马的皇帝芝诺因自身过于弱小而无法采取任何军事行动；他在488年委任狄奥多里克（Theoderich，逝世于 526 年）率领东哥特人去驱逐奥多亚克——此时的东哥特人已经驻扎在离君士坦丁堡相当近的地方。

狄奥多里克完成了任务，并在 493 年杀死了奥多亚克。此后他便称雄于全意大利。在他统治时期的最后阶段，查士丁也登上了东罗马的皇位。

对于东罗马帝国而言，5 世纪的动荡并非没有留下印记，但帝国成功地保留住了大部分的领土。虽然匈人始终是帝国的心腹之患，多瑙河地区也是战事频繁，但皇帝们仍然成功且有效地把帝国所拥有的更丰富的资源运用在了守卫国土上。经过 400 年发生在君士坦丁堡的对哥特人的屠杀事件后，东罗马的皇帝们也渐渐脱离了日耳曼首领们的影响。不过帝国也面临着许多内政难题（特别是在芝诺皇帝统治时期），502~506 年对波斯作战的失败也给帝国带来了巨大的损失。尽管如此，阿纳斯塔修斯最终还是为他的继承者查士丁在国库里留下了 32 万磅黄金。

第三章 世界末日？

当时的人们大概并没有意识到，西方的帝国已经彻底灭亡了。对于大多数人来说，他们起初并没有感觉到发生了什么变化；5世纪末的人对于皇帝驾崩或被废黜之后出现的皇位长期空缺的情况早已习以为常。但在6世纪将要到来之时，身处帝国东部的人们逐渐清楚地认识到：罗马已经沦陷，西罗马帝国已经不复存在了。查士丁尼统治下的一位早期历史学家马凯利努斯（Marcellinus Comes）曾作过这样的总结："罗马人民西部的帝国，由屋大维在罗马建城709年时开始统治的帝国，在诸位先皇相继统治后的第522年跟着罗慕路斯一起走到了尽

头。之后的罗马则臣服于哥特人的国王。"(《编年史》,公元476年)

这一乍看上去相当清醒的认识实际上是十分可怕的。因为人们越来越把罗马的衰落与世界的终结联系在一起;在此前的几个世纪中,这一联系对于基督徒们来说已经是十分熟悉的了。

所有人都知道《圣经·旧约》中但以理先知关于四个王国的更迭的预言(参见《但以理书》第2章和第7章),而且人们都十分确定地认为最后一国指的就是罗马帝国。问题只是在于,罗马帝国何时才会终结,也就是说基督何时会重回人世(Parusie),同时终结地上的世界。福音书的作者们早就预告了这一最终时刻(参见《马太福音》第24章、《马可福音》第13章、《路加福音》第17章和第21章),但没有说明这一时刻具体会在什么时候到来,只是要求人们时刻保持警惕。最初的基督徒每时每刻都在等待基督降临,但这一时刻却让人们一等再等。使徒保罗在书信中神秘地讲到了一个"阻拦"基督的时刻(katéchon,参见《帖撒罗尼迦后书》2:6-7)。在200年之后,人们就确定地把保罗所指的认定为罗马帝国。换句话说，人们现在都相信，罗马帝国的存续是在把世界的末日向后延迟。

基督仍未重现的事实让关于具体重现时刻的问题变得更为紧迫。人们从《诗篇》第 89 首（也有版本为第 90 首）第 4 节 ① 出发，把创世的一天与人间的 1000 年等同起来，于是认为人间世界的时长为 6000 年。从 3 世纪初开始，有的编年史家开始计算自己在这 6000 年中所处的位置。他们把基督的诞生年份（也就是我们的 1 年）认定为人世的第 5500 年，因此得出结论说，基督必定会在 500 年重现人间。罗马的希波律图（Hippolytus von Rom）和塞克斯图斯·尤利乌斯·阿非利加努斯（Sextus Julius Africanus）是最早一批在 3 世纪 20~50 年代就论证了以上观点的作者。随后更多的编年史作者作出了大同小异的论证，从而使得这一理论深入人心。因此人们都认为，阿纳斯塔修斯的统治离世界末日已经不远了。

---

① "在你看来，千年如已过的昨日，又如夜间的一更。"（《诗篇》89：4，引自《圣经》和合本）

比如，叙利亚的编年史家柱顶修道者约书亚（Josua Stylites）在其写于507年、深受末世观影响的编年史中就记载了人们对即将到来的世界末日的恐惧。生活在阿纳斯塔修斯、查士丁和查士丁尼统治下，写过许多在弥撒中被使用的韵文布道词的赞美诗诗人罗曼诺斯·梅洛多斯（Romanos Melodos）甚至幻想自己已经身临末世。直到12世纪后期，编年史家叙利亚人米海伊尔（Michael Syrus）仍然认为，6000年的时间在阿纳斯塔修斯的统治下就已经结束了。在阿纳斯塔修斯登基前不久，一份被称为"图宾根神智学"（Tübinger Theosophie）的预言残卷也预示基督马上就要降临。执政官名单上也提到在这些年间将会出现反基督——这同样是世界末日的必要条件。在罗马帝国中，人们开始大量地建造教堂——这等于是在为人们日夜等待的基督和圣人们建造居所。宣扬末世论的文章也获得了新的生命力，其中阿纳斯塔修斯被当作末代皇帝来描绘。在503/504年出现的巴尔贝克预言（Orakel von Baalbek）中是这样说的："之后还将有一位从西方来的皇帝，他来自埃比达姆诺斯城（Epidamnos），拉丁文称之为迪拉基乌姆城（Dyrrhachium）；皇帝的名字并不为人们所知，但他的名字就等同于世界末日……当他登上王位之后，他将被称为阿纳斯塔修斯。"（第161~166行）在这里，阿纳斯塔修斯不仅是因为其统治年代，也是因为他自己的名字而被认为是末日皇帝。这个名字让当时所有人都想起了希腊文"Anastasis"（复活），因此他的名字被预言认为与世界末日有关。在一个被末世观深入影响的时代，一个东罗马的皇帝特意起了这样一个名字，这绝不是简单的巧合。此外，罗马本身也已经衰落——使徒保罗提到的阻碍力量，Katéchon，也不复存在了。末世已经开始！

　　关于末世的见证更是穿越了查士丁尼的整个统治时期。对末世的等待因为另一个因素而变得更加急切：在阿纳斯塔修斯统治时期恰巧发生了一系列重大灾害。地震、火灾、洪水、极光、彗星、日食、蝗灾、瘟疫，还有军事行动的失利一直延续到查士丁和查士丁尼的时代，它们也理所当然地被视为末日的标志。随着这些事件的接连发生，惊慌、恐惧的情绪也在人民当中传播开来。

然而真正的灾难却在别处：如果灾难真正含有人们所相信的象征意义，那么再多的困苦和压抑也是可以忍受的。为了应对劳苦的日常生活，人们需要确定的观念模型，以便能解释不可预见也无法左右的世事。而对末日的描述正是人们用以理解世界和规范行为的模型之一，借助它，人们能把当下的恐惧延缓至未来的某个确定时刻，并让自己的生命在此世的历史进程中获得特定的意义。末世论为 5 世纪末发生的多种灾难提供了解释，让人们将其认作最终时刻的开始。然而这一解释最终却被证明是错误的。尽管持续有大灾难发生，基督却始终没有重现。因此，古老且深深地根植于人心的对宗教的确信，甚至可以说全部的世界观，都随之瓦解；同时，短期内又没有任何替代品。经过上百年对世界末日问题的复杂讨论后所得出的基督教末世论，如今已渐渐松动；曾经严格按照 6000 年的上限来制定的历法也同样开始变化。537 年，查士丁尼必须亲自下令，以设立统一的纪年标准（第 47 号敕令）。同样的，由哥特—罗马修道士狄奥尼修斯·依希格斯（Dionysius Exiguus）在 525 年创立的公元纪年法大概也是因应上述不确定性而出现的。

基于上述情况，查士丁尼自开始统治起便面临着众多艰巨的任务。其中极为重要的一点便是要让民众知道，世界的末日还没有到来，而且曾经为此而忍受的种种命运的打击如今需要被重新解释。因此，查士丁尼下了大气力试图用一种乐观的、新时代的——查士丁尼时代的——图景来代替对末世的想象和恐惧。而在他统治初期，一切发展看起来似乎确实得到了上帝善意的支持。

第四章 "睡眠最少的皇帝"——执政之初

当查士丁在君士坦丁堡站稳脚跟后，他让外甥彼得鲁斯·塞巴提乌斯也来到了帝国的都城（我们并不确切地知道这是在什么时候），并为他准备好了一套完整的教育。这位彼得鲁斯——他后来自称为弗拉维·彼得鲁斯·塞巴提乌斯·查士丁尼（Flavius Petrus Sabbatius Iustinianus）——在481/482年出生于维德里安那周边的一个小村庄陶利休姆（Taurisium）。在成为皇帝后，查士丁尼对自己的家乡进行了扩建；535年，他甚至在离之不远的地方还以"查士丁尼第一城"（Iustiniana Prima）为名，建了一座新城作为一个主教区。他的母亲是查士丁的妹妹；关于他的父亲，我们只知道他的名字是塞巴提乌斯，这是一个源自色雷斯地区的名字。更晚一些的传闻则说，查士丁尼是魔鬼生的。在古代，类似的故事总是会出现在名人身上。年轻的查士丁尼在宫廷里迅速地攀升：在阿纳斯塔修斯去世的那一晚，他已经是皇宫卫队中的一员（candidatus）；519 年他获得了 "comes"（指挥官）的称号，这也表明了他与皇帝有多么接近；而在他出任执政官之前，他还在皇宫担任骑兵与步兵统领（magister equitum et peditum praesentalis），因此也就在名义上成了帝国的最高级将领之一。然而他政治生涯的首个高峰则是在 521 年升任执政官。虽然这一职位在 6 世纪早已没有太多的实际政治意义，但对于获得执政官称号的人来说却是官场生涯中的一次重大升迁。在任上，查士丁尼大概在公共演出中前所未有地花费了 4000 磅黄金之多，因而也使得执政官行事铺张的特点更加明显。不久，他又获得了社会地位极高的 "patricius"（显贵）的称号，这也再一次显示了他与皇帝非同寻常的亲密关系。查士丁似乎也收养了查士丁尼为义子，但对此我们并没有确切的证据。

查士丁尼最迟在其舅舅登基之后就开始积极地参与到一群有政治雄心的贵族青年的活动之中。他极为热切地支持"蓝党"，或许是为了能在日后将之用作效忠于自己的势力。他也并非唯一一个谋划着继承日益老去的皇帝查士丁一世的人。无论如何，他和蓝党很可能制造了一些混乱，有一次甚至因此要被关进监狱。但当他当上了至高统治者后，他就毫不留情地清除党派过盛的力量。

在上层社会中，人们通常喜欢把基督教的邻人之爱与带来崇高声望的资助教会的政策联系起来，尤其是对兴建教堂提供资金支持；而在这一方面，成了君主的查士丁尼在开展他的诸多宏大建筑计划之前就已经表现得很积极了。当然，他当时支持建造的使徒彼得和保罗教堂还不能与几乎同时兴建的宏伟的圣波利克多大教堂（Polyeuktoskirche）相媲美。后者的资助者安妮西亚·茱莉亚娜（Anicia Juliana）是西罗马皇帝奥利布里乌斯（Olybrius，472 年在位）的女儿和瓦伦丁尼安三世的孙女。她与教宗何尔米斯达联系紧密，也希望能在她资助建造的教堂中重新看到《圣经》中的所罗门圣殿的模样。直到圣索菲亚大教堂（Hagia Sofia，532~537 年间修建）建成，查士丁尼才把圣波利克多大教堂比了下去。他当时甚至自豪地宣称，他能把所罗门其人也比下去。

在许多史料中我们都能不断看到有记载认为，查士丁的时代实际上应当被认为是与查士丁尼共治的一个时代。确实，在查士丁的许多决定中我们都可以发现他外甥的影响。如此一来，查士丁尼也在皇位竞争中为自己赢得了有利的位置。比如在查士丁继位之后，查士丁尼很有可能就帮助清洗了在权力斗争中具有危险性的人物：仅仅几天之后，皇宫总管阿曼提乌斯（Amantios）就被认定为叛国者而被处死。他在阿纳斯塔修斯的统治下有着极大的势力，但因为他是阉人，自己并不能当皇帝，因此他就在阿纳斯塔修斯死后的混乱局面中加入了一个受自己控制的候选人。由于阿曼提乌斯支持的是一性论，因此打击他的过程并不费力。更困难的是如何解决坚定支持迦克墩公会议的正统信仰的维塔利安（Vitalian），因为支持他的军队力量不容小觑。这位来自哥特民族的帝国将军在阿纳斯塔修斯统治下曾三次叛乱，也因此曾被打倒，但始终有着很强大的势力，并且与教宗有着值得人们警惕的密切关系。在继承帝位的竞争中，他也会是一个值得被慎重对待的竞争对手。为了更好地控制他，查士丁把他作为军队首长（*magister militum praesentalis*）召唤到君士坦丁堡来，并在 520 年任命他为执政官。同一年，维塔利安在一次宫廷行刺中身亡；有消息显示查士丁尼也参与了这次谋杀。

经过以上种种事情，到 527 年的时候就一切准备就绪了：患病的查士丁在 4 月 1 日把他的外甥任命为共治皇帝，而在一段短暂的共治时期之后，查士丁就在 8 月 1 日去世。权力的交接没有遇到任何阻力。在 45 岁时，查士丁尼就成了罗马帝国唯一的统治者。

早在查士丁的统治下，查士丁尼就显示了对宗教政策的偏爱。因此这一政策在阿纳斯塔修斯逝世之后开始逐渐转入了一个新的时代。最紧迫的问题是"阿迦修分裂"以及与之相连的一性论者的问题。一性论（Monophysitismus，更准确的但较少被使用的名称应当是 Miaphysitismus①）逐渐发展成了神学争论的一大焦点，给古典时代晚期和中世纪早期的教会——主要是东方教会——带来了诸多麻烦。问题的核心在于，人们应当如何理解三位一体（即圣父、圣子、圣灵为一体）这一教理。对于当时接受了古典哲学教育的人们来说，关于上帝是三位一体的说法实际上是很不好理解的。因为一个有着多种显现方式的神——比如基督教的上帝——是根本不可想象的。最难解决的问题是如何解释不同显现方式——圣父、圣子和圣灵——之间的关系。是否真的可以想象有这样一位上帝之子，他一方面虽然和圣父有着同样的神性（因而也像他一样是永恒的、非受造的），但另一方面又是儿子，也就是说是受造的？到了 4 世纪，这一冲突就在亚历山大的神父阿里乌斯（Arius）及其支持者与

---

① 此处构词的区别在于前者依靠拉丁词根"独一"，而后者依据希腊词根"单一"。此处中文翻译并不受影响。

继承者——他们被反对者称为阿里乌教派——的影响下变得更加激烈。他们认为，如果耶稣确实像上帝一样是神，那么他就必须像上帝一样是永恒的，而且没有经过创造的过程。但如果他像上帝一样具有上面两种特质，那么他就不可能同时是圣子，因为根据希腊哲学，"子"的概念只有基于创造才有意义。这不仅仅是个学术问题，因为它牵连出的另一个问题就是，到底是谁最后死在了十字架上，是上帝还是上帝的创造物？在狄奥多西一世的大力支持下，三位一体的教理获得了最初的胜利。

然而这样一来，圣母马利亚就确实孕育了神？5世纪的聂斯托利派发展了阿里乌斯的观点，并针对上述问题提出了质疑。这一教派是以在428年与431年之间出任君士坦丁堡主教的聂斯托利（Nestorios）之名命名的。他们严格地区分基督中的人性和神性的部分，并且拒绝把马利亚认作孕育神的女子。但如果按照他们的对手的观点，即基督既是人也是神，那么人们应该怎样理解这种双重性质呢？这两种属性在基督体内到底是分离开来的还是联系在一起的？如果是联系在一起的，这是一种怎样的联结关系呢？为此，帝国不断召开宗教会议以讨论教会的这一根本问题。在尼西亚大公会议（325年）和君士坦丁堡大公会议（381年）上，阿里乌派（更确切的称呼应该是"Homöer"，相似论者）遭到了批判。聂斯托利派则在以弗所大公会议上（431年）被定为异端。以上大公会议被后人认为是最早的三次跨教派的大公会议。

在第四次跨教派大公会议——迦克墩大公会议（451年）上，与会者确立了基督神人二性同时显现的教理。这一两性论教理以及描述它的信经（所谓的《迦克墩信经》）实际上传达了一个神学上相当微妙的概念，以便人们能够理解这样的既是神又是人的存在。它反对聂斯托利派作出的对基督中神性和人性的严格区分，但同时也反对在基督中过分强调一种属性，从而防止引出两性联系的问题。《迦克墩信经》在西方得到了人们的广泛接受。但在东方，特别是在叙利亚和埃及地区，却有着许多认为神性和人性已经在基督体内融合为一的信徒，即一性论者（顾名思义，他们只支持基督只有一种本性）。而他们成了帝国中一股有影响力且可能引起骚乱的力量，尽管他们自身也像之前的阿里乌教派一样，实际上是分裂成了各种大大小小的、组织严密程度不一的群体。

与我们的直觉猜测不同，这些神学讨论并不只是在一小群受过良好教育的精英里有影响。实际上，它们使得整个帝国的居民都不断两极化，并在帝国的行省中带来了紧张和冲突。这也意味着它们因此而具有巨大的政治力量。宗教统一的缺失逐渐变成了帝国的一个持久的结构性弱点。在通过迦克墩教理获得宗教统一的努力失败了之后，芝诺皇帝在482年连同君士坦丁堡的牧首阿迦修（Akakios）作了一次新的尝试，并公布了所谓的"统一敕令"（Henotikón）。特别是基于对埃及地区的关注，这份敕令试图在对立的神学观点之间找到调和点，但又成了一次彻底的失败。一性论者觉得让步并不充分，但西方教会却已经觉得其中的观点是自己也不能接受的。这次失败尝试的众多后果之一，便是前面已经提到过的"阿迦修分裂"。

这些冲突在阿纳斯塔修斯的统治下变得更加尖锐，而阿纳斯塔修斯自己似乎更倾向于一性论。

东西方教会的统一必须等到查士丁和查士丁尼主事之后，直到 519 年，才能重新实现。查士丁及其外甥对《迦克墩信经》的认可是没有任何疑问的。而在查士丁登基后不久，君士坦丁堡的居民们也催促着当政者调整宗教政策。7 月 15 日和 16 日，在圣索菲亚大教堂的弥撒和集会活动中，人们要求刚上任不久、地位尚不稳固的牧首约翰二世（518~520 年在位）谴责安条克富有盛名的一性论牧首塞维罗斯（Severos，512~518 年在职），并且要他遵循教宗列奥（440~461 年在位，迦克墩公会议正是在他的任内召开的）的规定。7 月 20 日在君士坦丁堡召开的一次主教会议也决定支持上述要求，并向查士丁寻求帮助。后者与他的外甥立即开始和教宗何尔米斯达开始了大量的书信交流。据查士丁自己的描述，他是"首先依靠不可分离的圣三，再是依靠我们宫廷的最显赫的贵族以及地位崇高的元老院，最后是依靠极为英勇的军队的选择"而登上了皇位的（*Collectio Avellana*[①] 141）。值得特别注意的是，这里已经没有提及人民了。这也同样是查士丁尼的想法。而新皇帝对于迦克墩公会议之决定的认同也被准确无误地传达给了教宗。519年3月21日，一个由教宗委派的使团来到了君士坦丁堡，并正式结束了"阿迦修分裂"。

新的情况对于一性论者来说则变得更加艰难了。除了在他们势力极强的埃及之外（对这一地区的强硬干预仍是不可想象的），在帝国的其他大部分地区都出现了更换主教（似乎有超过50位主教被替换），甚至是暴力迫害的情况。一性论的教会史学家以弗所的约翰（大约逝世于589年）在他的《东方圣人传记》中就提到了在查士丁和查士丁尼统治下一性论者所遭受的严重迫害，并清楚地描绘了单个信徒或是整个修道院所遭遇的命运。然而我们不能根据约翰

---

① 此书信集可见于 O. Guenther, *Epistolae Imperatorum Pontificum Aliorum Inde ab a. CCCLXVII usque DLIII datae Avellana Quae Dicitur Collectio*, CSEL vol. 35, 2 parts（Prague, Vienna, and Leipzig 1895）。

和一些别的作者对有时显得极为猛烈的迫害的描绘就断定当时有更全面、更广泛的血腥镇压。有的描述显然有夸张的嫌疑，而且当时迫害的程度也和每个地方官员的积极程度密切相关。在君士坦丁堡的中央政府只是给出宗教政策的框架，最后的执行情况还是取决于地方的行政人员。安条克著名的神学家和大教长塞维罗斯及其他许多人都在518年逃往了埃及。接替塞维罗斯的是保罗（519~521年在职），但由于他的残暴行径，查士丁又不得不收回了对他的任命。下一位继任者尤弗拉修斯（Euphrasios）要温和许多。他死于526年的一场地震，但以弗所的约翰仍然将之作为迫害者的最终下场的一个实例来进行描写。随后，曾担任帝国官员的新主教埃夫拉伊姆（Ephraem）又让迫害程度有所加深。此间，许多四处逃难的一性论神职人员也开始组建一个新的、最初只在地下运作的反抗教会。

总的来说，在第一轮大的迫害浪潮过后（大约在519~522年间），对一性论者的打压有所减弱。查士丁尼的妻子狄奥多拉毫不掩饰自己的一性论倾向，并且亲自为许多重要的一性论者在君士坦丁堡提供庇护。查士丁尼自己也寻求在对立双方之间建立对话。这不仅是出于政治上的考虑，而且是因为他自身浓厚的宗教兴趣让他把宗教统一问题当作了一个自己特别关心的议题；当然，这些努力都必须在不违反他的个人信仰这一限度之内进行。理解查士丁尼宗教政策的关键，就是理解他是如何试图让所有的帝国居民都接纳他自己的宗教偏好（他自认为那就是迦克墩会议确立的信仰，但其中又有着许多一性论的元素）。

在 529 年到 531 年间，被流放的一性论者可以回到故乡。查士丁尼甚至还邀请了塞维罗斯一派中最为温和的成员代表到君士坦丁堡（532 年夏）进行宗教对话。但这一活动却没有带来任何结果。

为了推广自己的宗教信仰，查士丁尼皇帝到底愿意付出多大的代价呢？在所谓的"神受难论"之争中我们得到了较好的答案。具体引起争议的观点是，圣三中的一位在十字架上为我们受难（*unus de trinitate crucifixus est pro nobis*)。这一说法被认为是以一性论为基础的。519 年，它被斯基泰（即哥特）的修道士们在君士坦丁堡传播开来，并且不仅仅在神学上，也在政治上引起了不安，因为这些修道士们与令人难以捉摸的维塔利安之间的关系非同一般。查士丁尼首先对这一说法有所保留，但突然却宣称自己支持它，并进而征求教宗何尔米斯达的意见。教宗不由分说地否定了它。查士丁尼却不愿意就此放弃：在他继位后不久，他就在一份纲要性的信仰陈述中简要地提到了这一问题。这份纲要后来也被作为法律编进了查士丁尼的法典（《法典》第 1 卷第 1 章第 5 节）。随后在 533 年，他的态度变得更加明确：在一份教理指令中，他开始向臣民宣传这一有争议的说法。此后，他也试图在这个问题上获得牧首埃庇法尼欧斯（Epiphanios，520~535 年在职）的支持，并最终也和教宗若望二世（533~535 年在位）开始了协商。查士丁尼提出让东方的牧首区（君士坦丁堡、亚历山大、安条克和耶路撒冷）承认罗马教廷的领导权，而若望也作出了与之相应的一些让步。而他的继任者亚加一世

（Agapet，535~536 年在位）——他在 536 年受东哥特人的委任在君士坦丁堡开展外交工作——则要求皇帝作出更多让步：他要求撤销新上任的君士坦丁堡牧首安提莫斯（Anthimos，535~536年在职）的神职，表面上是因为选举问题，实际上则是因为他有一性论的倾向；随后他又要求皇帝清楚地承认教宗的突出地位，并且明确地与一性论者划清界限。因此，于 536 年在君士坦丁堡召开的一次主教会议就批判了安条克的塞维罗斯。查士丁尼也赋予了会议决议法律效力（第 42 号敕令）。在皇帝急匆匆地与一性论者划清界限的过程中，前四次跨教派大公会议的权威（这当然也包括迦克墩公会议的权威）再一次得到了验证。

这样一来，查士丁尼在一定程度上获得了胜利，但代价十分高昂：为了支持一条被认为是一性论的教义，皇帝不得不彻底放弃跟一性论者的对话。单从这一点来看，查士丁尼在这场争议中所表现的固执就不能被理解为为了和一性论者妥协所作的努力，但这一观点却反复出现。同时，由于查士丁尼突然提出神受难的信理问题，这也使得和罗马教廷的联合谈判变得十分危险。这一切只能被理解为皇帝为了使自己的信条变成普遍有效的信仰所作的努力。由上帝支持而登顶的皇帝相信自己是有权这么做的。

面对一性论者整体的衰弱，皇帝也积极地试图利用这一点，甚至想把大多数居民都信仰一性论的埃及地区也争取到支持迦克墩信仰的阵营中来。亚历山大的（一性论）牧首弟茂德四世（Timotheos，按有的记录方法则是三世）于535年去世后引起的混乱局面正好给了查士丁尼这样的机会。在塞维罗斯派的（也就是说较为温和的一性论者）狄奥多西继承了弟茂德之后，他从信仰另一支一性论教派〔具体来说是认为基督的肉身"不朽"的一派（Aphthartodoketismus），参见下文第十章〕的该亚诺斯（Gaianos）那里感受到压力，并且只有依靠纳尔西斯（Narses）的支持（他可能是受狄奥多拉的命令前去的）才能最终留在主教的位置上。查士丁尼在537年要求狄奥多西前往君士坦丁堡，并签署迦克墩公会议的决议。当狄奥多西拒绝了这一要求之后，查士丁尼就在538年撤销了他的主教职位。而狄奥多西（逝世于566年）也成了一性论信众身份认同中的一个重要形象。查士丁尼安排的取代狄奥多西的人是严守迦克墩教理的塔贝内西修会的保罗（Paulos von Tabennesi, 538~540年在职）。但他也只能依靠军队的力量勉强维持，最终因陷入一桩谋杀案，也被皇帝免去了职务。他的继任者是较为温和的迦克墩教理支持者、来自巴勒斯坦的左伊罗斯（Zoilos，540~551年在职）。但大多数埃及人仍然把狄奥多西认作自己的牧首。查士丁尼在埃及试图重建迦克墩信仰的宗教政策最终也没能取得成功。

在宗教政策的其他方面，查士丁尼同样表现得十分积极。皇帝认为罗马帝国内应当只有一种宗教信仰，而且是如他所确定的一样。《查士丁尼法典》（534年）的开头便以纲领形式重复了狄奥多西一世在380年定立的信仰法规；法规为所有帝国臣民明确了三位一体的信仰。在查士丁和查士丁尼短暂的共治时期内就有一部涉及面极广的反对异端、摩尼教和撒玛利亚人的宗教的法律正式问世。查士丁尼眼中的异端，实际上就是所有跟他的宗教信仰不相符的人。从《查士丁尼法典》其他部分的许多规定来看，它的一个重要目标也正是要打压所有这些异端和异教者。生活在查士丁尼时期的编年史家约翰·马拉拉斯认为，查士丁尼政策中的一个基本不变的元素就是对异端的斗争。他的法律在原则上禁止异端参加政治生活，有时甚至是所有的公共活动。最严重的限制则是在财产和继承方面，这使得持异议者的儿女都会受到影响。皇帝禁止了集会的权利，禁止修建新的教堂，查封了现存的教堂，同时还禁止祭祀讲经，禁止出任公职等。皇帝尤其严厉地清除摩尼教的信徒，他们或被驱逐或被处死。在皇帝的政策压力下，一个在弗吕家（小亚细亚地区）流行的一种严格苦刑的灵启运动——孟他努派——的信徒中间甚至出现了集体自杀的行为。

皇帝对异教徒同样不放松。但因为在 6 世纪的时候，异教并没有太大的势力，所以皇帝的政策看起来也并没有那么连贯统一和目标明确。

很多时候异教徒都是在针对异端的法律中

被一同处理的。然而，对异教徒的斗争仍然是十分重要的，因为对"异教"的定性现在很容易就被当成政治武器来使用。这实际上就相当于指责某人在对抗查士丁尼"基督教帝国"的理想，因而在许多场合都可以派上用场。根据马拉拉斯的记载，在 528 年和 529 年间似乎在全帝国境内发起了一场扫荡异教徒的运动。大量的私人财产被没收，幸存下来的异教徒被迫远离公共职务，一些有名望的人士也遭到了杀害。查士丁尼大概也是在利用迫害政策安排自己的亲信负责重要的职位。无论如何，特里波尼安（Tribonian）就取代了被认为遵奉异教的托马斯，成为负责司法事务的官员。

查士丁尼在 529 年下令禁止在雅典教授哲学和天文学，这对后世历史有着深远的影响。这一政策终止了由柏拉图创建的极富传统的学园的活动——它在当时和亚历山大的学园共同组成晚期古典哲学的中心。哲学家们首先纷纷逃往波斯宫廷，但在那里同样并不顺利，于是便又回到了罗马帝国，最终大概在美索不达米亚的卡雷（Karrhai，今天土耳其的哈兰）定居。

与在此之前的皇帝所不同的是，查士丁尼并不满足于禁止异教徒的宗教祭祀，而是希望达到一种观念的转变。这同样是他特有的受命于天的意识所带来的影响。

至于犹太人，一项过去的保护法令在查士丁尼时代再次得到了确认。这项法令应保护犹太人和他们的会堂免受因信仰而起的迫害。然而他们在法律上也并不拥有所有的权利。与基督教相冲突的祭祀节日被禁止。犹太人也不能与基督徒结婚、买卖信仰基督教的奴隶或是给基督徒行割礼。他们不能担任公职，因为这可能会给他们带来指挥基督徒的权力；他们也不能建新的犹太会堂。与这一类的限制（有的也是早已存在，查士丁尼只是沿袭了旧例）相对的是一些保护措施。它们涉及对安息日和其他一些节日的规定的遵守。大多数流传下来的规定，例如犹太人内部的民事问题通常交由当事人选择的仲裁人来解决，会堂里不能进驻士兵等，如今却不同程度地受到了查士丁尼的限制。比如，在涉及犹太节日的规定上，现在对于节日规矩的遵守必须以不影响基督徒为前提。就像异教徒一样，犹太人也常常被打击异端的法律限制。查士丁尼甚至在 533 年下令，把刚刚征服的非洲地区的所有会堂都改成教堂。犹太人常常需要承担市政人员（Kurialen）的义务，但没有他们的权利。

查士丁尼执政之初的一大特点是在多个不同领域热切地、马不停蹄地进行改革。皇帝也希望人们确实能这样理解他孜孜不倦的工作。他在法律中一再提到他"极少睡觉"（agrypnia），或者说他为了帝国的繁荣不眠不休，并希望因此获得人们的赞颂。博学的行政官员约翰·利多斯（Johannes Lydos）就曾称查士丁尼为"所有皇帝中睡眠最少的"，并清楚地表明，查士丁尼的勤奋已经远超先皇们。然而皇帝的工作也可以被人们从负面来理解。对于一些人来说，这是预示着伟大功业的改革热忱，但对于别的人来说——比如普罗柯比在《秘史》中所说的那样——则是浮夸的、灾难性的变革欲望。

查士丁尼主持的第一项重大改革涉及的是法律体系。数百年来的传统累积起了大量的皇帝敕令、复文（皇帝对法律问题的回答）

和法学专家的意见。它们使得罗马法逐渐变得充满矛盾且难以理解。早在 3 世纪末的时候，就有私人编纂的收集皇帝法令的《格列高利法典》（*Codex Gregorianus*）和《海默根法典》（*Codex Hermogenianus*）。内容更丰富的是狄奥多西二世在 438 年主持的对从君士坦丁大帝以降的法律的编纂工作，它于次年在帝国全境之内生效［《狄奥多西法典》（*Codex Theodosianus*）］。

但就算是这部法典也无法解决全部问题。查士丁尼希望能够给出自己的方案：他于 528 年 2 月 13 日委任了一个十人专家组，把仍然有效的帝国法令搜集整理一番，并在必要的时候对其内容进行加工（所谓的加注）。新法典，即《查士丁尼法典》，极其迅速地在 529 年 4 月被公布于众，而从前的所有法典自此便失去了效力。

在编纂法典的过程中似乎也第一次出现了搜集整理仍值得罗马法学家们参考的著作的计划。这一项工作在 530 年 12 月 15 日被委托给了一个新的十七人委员会，由查士丁尼的亲信特里波尼安出任主席。皇帝预计这项宏伟计划的实现需要大概十年时间；所以当委员会在仅仅三年内就完成了对近两千卷著作的编选整理的时候，他惊叹不已。这让查士丁尼在533年12月就正式发布了多达50卷的《学说汇纂》（*Digesten* 或 *Pandekten*）；作为法官判案的依据，它们同样具有法律效力。

对于现在的查士丁尼来说，他能完全相信上帝一定给了他特别的恩宠。因为不久之后，他的军队就在北非击溃了汪达尔人（参见第七章），从532年开始帝国与波斯之间就实现了"永久"和平（见本章末），而且帝国内针对他的叛乱也在532年1月被血腥地镇压了下去（参见第五章）。一个想法渐渐在查士丁尼心中壮大：他还可以做得更多。于是他把目光投向了意大利，并开始仔细考虑重建罗马帝国的大业——这个想法在他刚刚即位之时肯定没有在他的脑海中出现过。

在《学说汇纂》正式公布之后不久，皇帝又成功地制定了《法学阶梯》（*Institutiones*），这是法学教育的一部基础著作。大型的法典修纂工作也使得法学教育的改革不可或缺；这一需求在 533 年得到了顺利解决。

在编修《学说汇纂》的时候人们就发现 529 年正式生效的《查士丁尼法典》已经无法满足实际工作的需要了，于是在 534 年，经过重新修订的《法典》迎来了第二次出版（第一版未能流传到今天）。它收集了从哈德良皇帝（117~138 年在位）以来的各种仍有价值的法律。新版的《法典》也正式宣布了法律改革工作的结束。在 16 世纪的欧洲，人们统称这项工作的成果为《民法大全》（*Corpus Iuris Civilis*）并继续对它进行研究，这使得它对欧洲法律史产生了举足轻重的影响。

在 534 年之后，查士丁尼自己依然是个不知疲倦的立法者，特别是在直到 542 年的这段时间内他一共颁布了超过 150 部法律（敕令）。他本想把它们集中在另一部大全之中，但是最终并没有付诸实施。今天我们看到的各种敕令全集并不是官方制定的。

对法律改革各个分支的颁布与公示命令以及敕令的序言部分（*Praefationes*）为我们了解皇帝对自己形象的展示和对自身作用的理解

（这两者并不完全相同）提供了重要的信息。在公示命令中我们可以看到，皇帝认为自己的立法权以及相应的实际能力都是上帝赋予的。因此皇帝自己也就变成了臣民们的"活着的法律"（*nomos empsychos*，*lex animata*）（见第105号敕令，第2节与第4节）。

对《民法大全》作出了最大贡献的是特里波尼安。其后直至542年间颁布的各种敕令也是皇帝和他博学的"司法大臣"密切合作的结果。特里波尼安体现的是早期查士丁尼所采取的极为成功的人事政策：他没有特别考虑年长的精英，而是把年轻的、有能力的、对他忠心耿耿且有执行力的人选安置在了关键的位置上，不管他的出身可能有多么卑微。特里波尼安来自小亚细亚的潘菲利亚地区，并且在位于贝利图斯或者君士坦丁堡的一个最大的法律学院学习了罗马法。他参与了制定第一部《查士丁尼法典》的工作，并且在制定《学说汇纂》的过程当中慢慢变成了主要负责人。他对罗马历史的掌握程度非同一般——查士丁尼对此也十分感兴趣。许多经由特里波尼安制定的敕令的序言部分，都会体现他们两人对通过详细的历史分析来引入法令的偏好。这同时也把查士丁尼塑造成了一位通晓传统的皇帝。529 年，查士丁尼正式任命特里波尼安为主管司法事务的大臣（*quaestor sacri palatii*），而除了在尼卡起义时因为情势危急导致他短暂离任外，特里波尼安一直稳定地担任这一职务直至去世。他大概于 542 年去世。就像许多更传统的精英一样，历史学家普罗柯比十分看不起这个平步青云的人，并认为他生性贪婪、易被收买且是十足的犬儒。此外还有流言攻击特里波尼安是异教徒，或者说他是无神论者。但这并没有对他的政治生涯——它的起点正处于 528 年至 529 年间对异教徒大肆迫害之时——造成影响。

对皇帝来说更大的考验是和波斯人的战争。双方冲突的缘由在于：521 年至 522 年间，居住在黑海东海岸的拉兹人的国王到访了君士坦丁堡，并在那里接受了洗礼和加冕仪式。波斯王科巴德（Kabades，488~531 在位）对此提出了抗议，因为他认为高加索地区应该是波斯的势力范围。双方的关系进一步恶化，则是在查士丁拒绝了科巴德请求他收自己的儿子科斯劳（Chosroes）为义子之后。查士丁的大臣们对皇帝提出了警告，认为同意收养的话会使波斯人有更多理由来争夺罗马帝国的皇位。

由于罗马军队加强了对东部要塞拉齐卡的守卫，波斯人也加强了对拉齐卡东部伊比利亚王国（Iberien）① 的压力。伊比利亚的国王古尔根尼斯（Gurgenes）转而向查士丁求助。于是双方的战争就正式爆发了。但是罗马人很快就对能够保留住拉齐卡的大部分地区而感到满意；同样地，波斯人也只要求保持对伊比利亚的控制。

然而到了查士丁尼时期，与波斯的交战就已经扩大到了两国领土直接交界的地方。而此时查士丁尼的处境并不有利。洪水、火灾和地震在525年和528年间摧毁了帝国东部的许多重要城镇，比如安条克和埃德萨。主动进攻的行动是不可想象的。同时，要提防的不仅是波斯人，还有与他们结成同盟的阿拉伯的王侯孟

---

① 此处为高加索伊比利亚王国，非欧洲西南部的伊比利亚半岛。——编者注

迪尔（al-Mundhir）——他发起了多次抢掠财物的进攻，甚至在 529 年打到了安条克附近。在这次攻伐中他大概劫掠了四百名妇女，并把她们当作祭品杀害了。查士丁尼想尽了在东部边境如此糟糕的条件下他仍能使用的一切方法。对波斯亚美尼亚（Persarmenien）①进行劫掠性的攻击或许能控制住波斯；与另一位波斯王侯——加萨尼王国的哈里斯（al-Harith）——结盟的话大概可以解决拉赫姆的孟迪尔带来的问题。皇帝也下令在这些地方紧急修建了防御工事，重新部署了亚美尼亚的军事组织，把元老派去这些受到威胁的城市并委任他们——这并不是件诱人的差事——在城市遇到危急情况时领导防御工作。查士丁尼真正的王牌却是贝利撒留（Belisar）和西塔斯（Sittas）。在查士丁尼成为皇帝之前，西塔斯就早已是他的贴身侍卫和亲信。他有着超凡的军事天赋，成功地征服了小民族扎尼人（Tzanen），并成为首个担任于 528 年初设的亚美尼亚最高统帅（*Magister militum*

---

① 这是古典时代晚期人们对波斯控制下的亚美尼亚地区的称呼。比如在普罗柯比的作品中就有该词。

per Armeniam）这一职务的人。然而他不可限量的前程却在 538/539 年匆忙地画上了句号：在一次军事冲突中，他不幸阵亡。贝利撒留同样曾经当过年轻的查士丁尼的贴身侍卫。他来自位于色雷斯和伊利里亚边境上的日耳曼尼亚城。在 527 年，他和西塔斯一样，虽然年轻但已凭着军事才能崭露头角。他成了查士丁尼统治时期最为重要的将领，并且他始终都对皇帝忠心耿耿——尽管两人之间有过不少龃龉。原因在于皇帝很快就因为他的将军名声日盛且得人喜爱而心生疑虑，并且贝利撒留也总是——虽然他是无辜的——被卷入谋反的谣言。由于这种种原因，贝利撒留的政治生涯充满了起伏。他取得了令人叹为观止的军事胜利，但又经受了皇帝刻意的羞辱。

但不论如何，皇帝到最后都不能离开贝利撒留的支持。

当然，这一切在 529 年还都无法预见。这一年中，查士丁尼封贝利撒留为东方军队最高统帅（*Magister militum per Orientem*）。东方的情势也相当紧迫：撒玛利亚人——一个早先从犹太教中分裂出来的信仰团体——在巴勒斯坦地区起义。他们反抗查士丁尼不容商榷的宗教政策，推选了自己的国王，并向波斯人表示愿意支持他们。查士丁尼在530年极其残酷地镇压了这次起义。大约两万名撒玛利亚人丧生，另有约五万人出逃。据说有两万名撒玛利亚人的子女被贩卖为奴，他们的后代大概也就被这样彻底消灭了。

波斯王科巴德借着530年罗马帝国发生内乱的时机发起了进攻。然而贝利撒留已经有所准备。在阿纳斯塔修斯皇帝修建的边境要塞达拉，罗马人取得了对波斯人的决定性胜利；同时，西塔斯也在亚美尼亚大获全胜。气得咬牙切齿的科巴德不得不重回谈判桌，但他在531年再次发起攻势以求报复。这次贝利撒留在卡利尼孔（Kallinikon）吃了一次败仗。大为光火的查士丁尼把他召回了君士坦丁堡。然而战场的形势又发生了变化：科巴德驾崩，而他的儿子科斯劳一世（Chosroes I，531~579年在位）——他将在日后成为查士丁尼的一大对手——必须首先对内巩固自己的权力，因此愿意在战场上和解。

于是在 532 年夏天，两个帝国之间签署了"永久"和平协定。罗马人要一次性支付 11000 磅黄金，但这样也避免了耻辱的每年一度的进贡。同时，他们从波斯人手中收回了拉齐卡的两个重要据点。鉴于东方的局势在开始阶段对他们来说极为不利，这份合约不应被认为是——但常常有人这样解读——一份由昂贵的赔偿换来的和平，而是可以被看作一份十足的胜利。在东方随之而来的安宁（当然这也仅仅是表象）为查士丁尼在西方的行动提供了契机（特别是针对汪达尔人和东哥特人）。然而这并不意味着，这份与波斯人的协议就是为了这个目的而签订的。在 532 年，查士丁尼还没有确立他那常常被人们提起的复兴大计。

第五章　稳固政权：尼卡起义

532 年 1 月，君士坦丁堡内火光冲天。在长达十天的时间里，城中的居民发生了叛乱。他们在国都的街巷中大肆放火、抢掠，直至查士丁尼最后用暴力来结束骚乱。

在这一年开始的时候，君士坦丁堡城中的气氛是十分凝重的。城中居民数量的持续增长把都城推到了崩溃的边缘。此时，行事不择手段的财政奇才、卡帕多契亚人约翰出任帝国行政主管（*praefectus praetorio Orientis*）已近一年，他在四处为皇帝寻找财政来源。与此同时，大量陷入贫困的帝国臣民拥入了国都。充满火药味的气氛不时转变为蓝绿两党中日益严重的骚动以及相互之间的激烈斗争。绿党中有人为此丧命，但凶手却逍遥法外。绿党因此也就将其作为自己的申诉之一。随后在竞技场中发生了人们与皇帝的全权代理人（mandator）之间的口角。我们不能确定，这场"竞技场对话"是否与后续的起义有着直接的联系，但我们有理由相信这样的联系是存在的。皇帝的代理人没有接受绿党的申诉，反而斥责他们是犹太人、摩尼教人和撒玛利亚人，并威胁将用严刑惩罚他们。另外，绿党人也公开质疑查士丁尼声称的从上帝手中获得的统治权。同时，大量此时赶到了竞技场的蓝党人进一步向绿党挑衅。在咒骂声和暴力威胁中，绿党人终于慢慢退场。

查士丁尼肯定知道，此刻的冲突一触即发，而他采取的行动应该是十分有分寸的。正因为如此，他接下来采取的针对竞技场党派的措施才更令人吃惊。这让人对不久后的暴乱完全发自平民这一说法产生怀疑。而史料中一系列特别的记载也并不支持这一判断。那么是不是皇帝有意挑起纷争的呢？

在发生口角之后，两党之间又发生了新的

摩擦。市政长官尤戴蒙（Eudaimon）非常严厉地处理了这些事件，并判处了七个肇事者死刑，其中三人更是要被钉在十字架上。在此之前，他们还必须在城中游街示众。民情于是逐渐沸腾：这样的羞辱真的是有必要的吗？在随后的行刑过程中，两个囚犯——一蓝一绿——在被钉十字架时出现了架身断裂的情况。再次行刑的结果却是再次失败。这仅仅是巧合？还是上帝的旨意？民众开始为罪犯请求宽赦。于是竞技场内的两党现在有了同样的诉求，并因此走到了一起。最终，临近的一个修道院里的修道士把两个囚犯保护了起来，并为他们提供教会的庇护。士兵们也并没有采取特殊的行动去阻止修道士，但庇护他们的地方最终还是被包围了起来。

三天之后，竞技场内再次举行马车竞赛活动。两党如今组织起了共同的请愿团，为他们的那两位成员请求皇帝的特赦。但查士丁尼缄口不语，尽管他确切地知道这将会为他带来怎样的后果。因为在君士坦丁堡，暴乱的发生都是有着固定的规律的。人群于是迅速聚集，并在"尼卡"（即"胜利"）的口号声中冲出了竞技场，拥向了市政长官位于梅塞大道上的办公地址。人们在那里再次提出了释放囚犯的要求，但官员仍然没有任何反应。民众于是开始放火烧市政厅，起义由此爆发。

第二天，查士丁尼仍然让马车竞赛继续进行，但人民心头要紧的完全是别的事情。他们开始要求撤销卡帕多契亚人约翰、特里波尼安和尤戴蒙的职务；囚犯的事情已经不再被人们提及。查士丁尼这时反应迅速，马上解除了上述三人的职务。这也明显地体现了他自身的弱势。在此情况之下，元老中的反对派似乎开始认为，他们可能可以获得更多的改变；因此他们也开始了密谋。殊不寻常的是，查士丁尼并没有等待民情随着大臣的下台而慢慢恢复平静。相反，他直接派贝利撒留率领一群忠实的战士开往君士坦丁堡的街巷，尽管所有人都知道，在君士坦丁堡打巷战是不可能取得任何胜利的。这只会催生更多暴力行径。事态也正如预料的那样继续发展：民众冲往普罗博斯（Probos）的住处——他是先帝阿纳斯塔修斯的一个侄子。

人们要推举他做新的皇帝，而查士丁尼则应当退位！然而普罗博斯事先得到了消息，并早早地逃走了。愤怒的人群于是放火烧了他的住宅。而查士丁尼心里也清楚，如果民众连普罗博斯，这位阿纳斯塔修斯三个侄子当中最不起眼的人都能接受，那么他们肯定会更认真地接受比普罗博斯知名得多的伊帕提乌斯（Hypatios）。与此同时，城市的中心早已陷入大火之中：奥古斯都广场、圣索菲亚大教堂、宙克西帕斯洗浴场以及其他华丽的建筑正在变成一堆废墟。更多的军人正在街巷之中和造反者展开激战。有传言说皇帝已经开始准备出逃，这再次显示了他犹豫、摇摆的态度和自身的软弱。

　　然而皇帝首先还是作出了又一个奇怪的，更确切地说应该是荒谬的决定：他命令当时在他身边的阿纳斯塔修斯的侄子伊帕提乌斯和庞培乌斯（Pompeios）离开皇宫，表面上的原因是让他们去保护自己的住宅。但伊帕提乌斯清楚地知道，一旦他出现在大街上，民众会有怎样的反应：人民一定会拥护他做新的皇帝。于是他请求查士丁尼让他留在皇帝身边。但皇帝此时已经有了自己的打算：伊帕提乌斯应该在表面上接受人们的请求，并把人群引到竞技场中。这时贝利撒留就可以带军队到那里把造反者一举消灭。

事态逐渐向一个血腥的结局演变：查士丁尼先是带着一本福音书紧张地出现在竞技场中，并向人们许诺将会实行大赦。但在民众能作出任何回应之前，他就迅速地回到了皇宫。与此同时，人们发现了伊帕提乌斯，并拥立他为皇帝，簇拥着把他送向竞技场。伊帕提乌斯派人向查士丁尼传信说，现在民众已经聚集了起来，皇帝可以派兵进攻了。然而他的报信人却被中途截住了，并带着皇帝已经逃跑的假消息回到了伊帕提乌斯身边。这时伊帕提乌斯开始接受他统治者的新身份。而此前一直藏在暗处的持反对意见的元老们因为有了更多的安全感，现在也渐渐走向台前，亮明身份。忽然间，一直以来都有谁反对皇帝，就被看得一清二楚。查士丁尼当然没有出逃，他想要得到的也就是以上的信息。皇宫总管纳尔西斯和他的手下现在也进入了竞技场并开始向民众行贿。本就混乱的场面现在变得更加糟糕。贝利撒留和蒙多斯（Mundos）——另一位受皇帝信任的将领——这时带着人马赶到了竞技场，并在人群中开始了屠杀。

单单这一天在竞技场中就有 3 万到 3.5 万人丧生。过早觉得自己已经稳操胜券的著名元老们，现在也只能流亡外地。他们的财产被充公。伊帕提乌斯和庞培乌斯都被作为篡位者处死。普罗博斯躲过了死刑，但仍然被流放。一段时间之后他获得了皇帝的大赦（还有其他人也获得了同样的对待）。皇帝的恐怖统治控制了整个国都。编年史家狄奥法尼斯（Theophanes）是这样总结的："人们都十分恐惧，城中恢复了平静，而很长一段时间内都没有再举行马车竞赛活动。"（《编年史》，创世纪年 6024 年）

在古典时代晚期，君士坦丁堡城内发生的反对皇帝的起义并不罕见，但一般认为尼卡起义有着非同寻常的意义。这里人们不应弄错了焦点：表面上事件的特殊之处在于遇难者的人数之多、城市受破坏程度之大，以及相对来说较为充分的史料记载。但尼卡起义最为特别的地方实际上在于皇帝的作用。按照事件发生的过程来看，人们的心中很难不出现一个可怕的疑问：起义或许是皇帝自己想见到的，他特意引发了叛乱，并有意识地把事件往最终的血腥结局上引导。查士丁尼的目的是故意对外显示自己的软弱，并且看上去身处危局，甚至都决定了要出逃。这样一来，他的最有影响力的政治对手就会感到自己更有把握，因此愿意公开身份直接与皇帝对抗。当他们从幕后走出来之后，皇帝就可以摧毁他们的势力，同时让民众看到他会多么不留情面。如果我们仔细分析史料的话，我们将不难发现，查士丁尼的实际地位在任何时候都没有真正地受到威胁。在君士坦丁堡，贝利撒留和他的人马忠心耿耿地保卫着他；在帝国外部，波斯王科斯劳面对着自己国内的重重困难，也只想保持和平的局面。

表面上，查士丁尼获得了胜利。从 532 年开始，值得一提的元老对抗皇帝的局面就再也没有出现过。君士坦丁堡的居民也同样受到了震慑。新一轮的骚乱直到 547 年才出现。

整个帝国都必须从这次事件中认识到，查

士丁尼会多么坚决地展开自己的行动：在起义被镇压后不久，皇帝就派人向帝国全境传发有关起义的报告。在官方的定性中，伊帕提乌斯和庞培乌斯被认定为事件的罪人和篡位者，而朝廷最终成功地制服了他们的叛乱。

然而人民却不满足于这样一种对事件的解释。查士丁尼在整个过程中唯一缺少充分估计的地方，就是他将极大且持久地失去人民的爱戴。因此，罗曼诺斯·梅洛多斯在 6 世纪 30 年代仍试图在他的韵文布道词中传播以下观点：野蛮的屠杀是上帝对人类罪恶的惩罚，皇帝只不过是处罚的执行者。多年之后，普罗柯比在他的《建筑》一书中——这是一部吹捧查士丁尼的官方著作——用的是同一种论调。最后，有人甚至试图把责任推托给卡帕多契亚人约翰。无论如何，这位约翰在 541 年之后就已经在皇帝面前失宠了。

如今，君士坦丁堡城中是确确实实地充满了断壁残垣。对于皇帝来说，这是强力推行他宏大的建筑计划的好机会。

这一计划的最终成果在今天的伊斯坦布尔

仍然不时能被人们感受到，尤其是当人们观赏那宏伟的圣索菲亚大教堂的时候。

作为大量拜占庭教堂的典范和今天伊斯坦布尔城中最大的清真寺 [①]，这座庞大的穹顶式建筑在 537 年就正式竣工。从普罗柯比的《建筑》（成书于 6 世纪 50 年代初期）和诗人保罗·西伦提阿里乌斯（Paulos Silentiarios）在 562 年写就的《对圣索菲亚大教堂的描述》（*Ekphrasis*）中，我们仍能感受到大教堂中让人叹为观止的装潢。建筑的计划大概是在尼卡起义之前就已经制定好了，因此，532 年的大火对于查士丁尼来说并没有显得不合时宜。对建筑师的选择——怪诞却又极富天才的特拉勒斯人安提莫斯（Anthemios von Tralleis）以及米利都的伊西多尔（Isidor von Millet）——再次显示了查士丁尼在人事任用方面的不凡。

关于查士丁尼在君士坦丁堡以及帝国全境之内（意大利除外）的建筑的史料，除了建筑本身的遗迹之外，当数普罗柯比的《建筑》。

[①] 圣索菲亚大教堂在奥斯曼帝国时期被改用作清真寺，但今天它是一个脱离了宗教控制的博物馆。

图 2　圣索菲亚大教堂（君士坦丁堡）的外观

　　这部著作主要描绘了教堂建筑、边境要塞（考虑到帝国边境上经常发生的敌军入侵）和供水工程。普罗柯比首先描述了查士丁尼在君士坦丁堡建造的教堂，比如圣伊莲娜教堂（Hagia Eirene，它紧挨着圣索菲亚大教堂）、塞尔基欧—巴库斯教堂（Sergius-Bacchus-Kirche）、新建的使徒教堂和多个马利亚教堂。由于受到 6 世纪不断扩大的对马利亚的虔信的影响，皇帝本人似乎也特别重视圣母教堂的建设，而这不仅体现在普罗柯比的笔下（《建筑》第 1 卷第 3 章第 1 节）。仅在君士坦丁堡就出现了三座献给

图 3 位于西奈的卡特琳娜修道院（于 548 年后建成）
说明：查士丁尼把修道院献给了圣母。圣卡特琳娜的遗骸是在中世纪的时候被人们运送过来的。

马利亚的教堂。还有更多的分布在帝国的各个地区，比如 543 年建于耶路撒冷的"新"教堂（Nea）和建于查士丁尼时代后期的位于西奈山区的圣卡特琳娜修道院。

在查士丁尼的统治下，拉文纳城中的圣维塔教堂（San Vitali，当中有著名的查士丁尼和狄奥多拉的镶嵌画）和克拉塞的圣阿波利纳教堂（San Apollinare in Classe）也分别在547年和549年完工，尽管它们不是由皇帝直接出资兴建的。查士丁尼总共应该建了96座教堂。尽管如此，普罗柯比所宣称的查士丁尼负责了所有教堂的兴建工作这一说法，大概还是不可靠的（《建筑》第1卷第8章第5节），但这也在某种程度上表明了皇帝的意愿。

在查士丁尼兴建的大量世俗建筑中，除了

图4　圣维塔（拉文纳）教堂中的查士丁尼镶嵌画

国都中负责展示皇帝形象和解决日常需要的建筑——比如皇宫的前厅（Chalke），元老院，奥古斯都广场上的骑士雕像，地下的蓄水池，还有孤儿院、养老院等——边境上的要塞和防御工事也占据着重要地位。此外，他也努力重建因为自然灾害或者战争而损毁严重的城市，比如安条克。然而就像有些别的城市一样，尽管付出了很多努力，安条克始终无法重现525~528年间以及540年灾难打击之前的盛况。受到了大量资助的查士丁尼城（Iustiniana Prima）同样在7世纪初就变得无足轻重。虽然如此，查士丁尼依然可以被称作古典时代晚期在土木建筑方面最伟大的君主。无论在他之前还是之后，都没有一个基督教君主如此广泛地尝试用各种教会和世俗的建筑来向人民展示他的虔诚、对邻人之爱以及对人民幸福的忧虑。

第六章 戏子、妓女、虔诚的皇后：
狄奥多拉神话

根据普罗柯比的记载，当尼卡起义爆发的时候，查士丁尼和他为数不多的忠实追随者惶恐地躲在皇宫之内。犹豫不决的皇帝甚至考虑逃跑。而这时狄奥多拉突然说道：她永不会逃跑，永不会一仗不打就放弃自己的皇后之位，因为"皇权是张美丽的裹尸布！"（《战争史》第1卷第24章第37节）这段发言应当是虚构的。普罗柯比几乎不可能了解这段时间内皇宫中发生的慌乱讨论。他特意放入狄奥多拉口中的话是精心创作出来的艺术作品，但这样的写作也有其目的：历史学家在这里展现的不仅是一个不守常规的女性，因为她直接介入了政治讨论，而且更重要的是表现了这位皇后用尽一切办法也要留在宝座上的决心。

自从人们在 17 世纪重新发现了普罗柯比的《秘史》以来，其中提到的狄奥多拉在性关系方面的放荡和堕落让人们既好奇又惊惧。但关于查士丁尼的妻子，我们到底了解多少事实呢？她出生在为绿党效力的驯熊师阿卡丘斯（Akakios）的家中，是他三个女儿中的次女。阿卡丘斯很早就过世了。随着母亲的改嫁，全家又来到了蓝党的阵营中。狄奥多拉和她的姐妹都继承了母亲的职业，当起了舞女。她首先在粗野的滑稽戏中登台，这种形式既受人喜欢又被人们看不起。所有自认为是道学家的人都严厉斥责这种表演，但许多人又偷偷跑去看那里面穿着暴露的少女。女演员在罗马帝国晚期处于社会的最下层。她们在法律上面对诸多限制，并且也被别人看不起。她们中的许多人同时是妓女，而所有女演员则无一例外地被人们假定为干过这类出卖肉身的工作。狄奥多拉完全是在这样一种环境中长大的。当她还是孩子的时候，她就登台亮相。不久之后，她又失去了自己的童贞。在记录自己对未来皇后看起来堕落无比的生活的想象这一过程中，普罗柯比显得十分享受。狄奥多拉放荡经历的后果据说是一个私生子、一个私生女和多次堕胎。她最终作为行省长官赫克伯罗斯（Hekebolos）的情人随他去了他的辖区，但在那里遭到了驱逐。她十分艰难地从北非回到了君士坦丁堡，其间自然还是以她美丽的身体作为资本。而她也在国都迎来了生命的转折点：查士丁尼认识了她，并让她做了自己的情人，甚至册封她为贵族。上层贵族们为此十分震惊。但时任皇后尤菲米娅——尽管她自己的出身也并不是无可指摘的——还是阻止住了更糟糕的情况发生。此外，一条从奥古斯都时期流传下来的法律也禁止元老级别的人物与舞女结婚。但查士丁尼却不依不饶。等到尤菲米娅去世之后，就再没有什么能阻挡他了。他说服了查士丁修改法律，然后就在525年迎娶了狄奥多拉。之后她也就顺理成章地当上了皇后。之前那些在戏院里好色地观赏她或是在街上鄙视她的贵族老爷们，现在都成了她的下属。狄奥多拉也尽情地享受着这一变化，她是第一位让元老们下跪问安的皇后。

当我们阅读普罗柯比对狄奥多拉出身的描述时，我们必须对下面的情况有所了解。或许普罗柯比自己就曾光顾过这种戏园子。但不管怎样，他写作的视角是一个按传统教育培养出来但在罗马帝国晚期又没有什么特别好的改善自身社会地位的途径之人的视角。他也在传统文学丰富的诋毁范例中找到了足够多的原料来完成自己的描写。普罗柯比的声音，实际上也是那些如今尴尬不已、必须向往日的妓女阿谀奉承的元老们的声音。最后，普罗柯比并不关心皇后本身的形象；她更多的只是普罗柯比投射自己对查士丁尼政权的所有保留和不满，并将它们激烈地表达出来的机会。狄奥多拉的形象，是一个打破了皇后和妇女所应遵循的一切规则的形象。如果我们考虑到这一点，那么所有那些环绕在皇后身边的闻所未闻的丑闻就能够得到更客观一些的解读。

不管流言如何，狄奥多拉从没有插手帝国的外交事务。比如，有传言说狄奥多拉和她的密友、贝利撒留的妻子安东尼娜（Antonina）在 537 年炮制了一场通过贝利撒留来废黜教宗西尔维（Silverius）的阴谋。教宗被废的真正原因却是他跟东哥特人的暗中串通——也就是说，对帝国的背叛。在其他地方也看不到任何证据清楚地证明狄奥多拉在外交事务当中的角色。而在立法方面，查士丁尼也始终是最终的主宰者，尽管他有时会向他的妻子咨询意见。在他的决定中，也许那些改善舞女生活状况和提高妇女法律地位的动议确实是受到了狄奥多拉的影响，但那终究是查士丁尼制定的法律，它们同样可以是基于他的基督教信仰而被制定出台的。

狄奥多拉虽然很大方地资助慈善类的机构和建筑，比如为曾经做过妓女的人所建的 Metanoia（"悔过"）修道院，但这也只是查士丁尼建筑政策的一个特殊部分。与其他皇后不同，狄奥多拉的肖像并没有出现在钱币这种当时的主要宣传工具上，但在一些官方文件中她也会和皇帝一起被提及。

人们还经常说起皇后对宫廷人事的积极干预。她眼前的红人可以出任最重要的职位，就像之后打败了东哥特人的宦官纳尔西斯一样。另一些人则被她彻底打垮。比如她似乎曾参与了打倒卡帕多契亚人约翰的活动（541年），并差点结束了贝利撒留的政治生涯（542年）——皇后本来就通过安东尼娜对这位大将施加影响。可是如果人们能想到，与皇帝的亲近这一事实本身的意义是多么重大，那么这一类事情也就没什么稀奇的了。而狄奥多拉并不愿意在任何人面前让步。她在皇后这一身份给她带来的行动空间中运作。和5世纪的一些皇后相比，她对手中权力运用甚至并不算彻底。

唯有在神学问题上，狄奥多拉的行动显得更加独立。虽然查士丁尼是支持迦克墩教理的，她却完完全全是一个一性论信徒。普罗柯比认为她在这方面暗藏毁灭帝国的算计。不管怎样，他眼中的皇帝和皇后都只是魔鬼的化身，他们心中所想的也只会带来灾难 。6世纪末，基督教史学家埃瓦格留斯（Euagrios）的看法有所不同。对他来说，皇帝夫妻之间所折射的是一道可怕的宗教裂痕，它割裂了帝国也割裂了家庭。

不管怎样，事实确实是狄奥多拉在一定

的限度内推行了独立的支持一性论的政策。她把查士丁尼登基之前住过的何尔米斯达宫（Hormisdaspalast）变成了受她保护的一性论者避难所，并不断地把一性论者中的对话人介绍给皇帝——皇帝自己其实也在寻找这样的联络人，甚至在狄奥多拉去世之后也仍是这样。当阿拉伯王公哈里斯请求帝国派送基督教传教士的时候，皇后也特别找来了一性论的教士。在她的保护之下，努比亚（Nubien）地区接受了一性论的传教。缔造了独立的叙利亚一性论教会（"雅各布"教会）的伟大主教雅各布·巴拉戴欧斯（Jakob Baradaios）同样受到了皇后的保护。如果查士丁尼不想见到这一切的话，他当然可以轻易地阻止它们发生。但他至少容忍了狄奥多拉的活动。心中有所不满的另有人在，其中甚至包括一性论的精神象征安条克的塞维罗斯。他对狄奥多拉在宗教问题上的业余表现并不真正感到高兴。

传统的贵族则倾向于把一切可以设想的恶都加在皇后身上，甚至包括清除早年动荡生活给她留下的一个儿子。这个人在她面前突然出现，但也必须立即消失得无影无踪。

在一性论的传统中，人们对狄奥多拉的描述大不相同。在这里，皇后几乎就是一位圣人。她被认为是来自赫拉波利斯［Hierapolis，今天的曼比季（Mabbug）］的一位神父的女儿。查士丁尼在出巡的时候认识了她，并把她带回了君士坦丁堡。为此他必须承诺不会强制要求狄奥多拉改信迦克墩的教义。

一性论的历史传统却落入了与普罗柯比的记载完全对立的另一个极端。普罗柯比把自己对狄奥多拉的不满反映在了对她放纵生活的描写中；而一性论者对他们的保护者的形容又让皇后完全没有了性别特征，只留下虔诚的贞洁。因此，狄奥多拉本人到底是怎样的，我们实际上并没有太多确定的信息。

在史料当中，一般都很难找到关于历史人物情感的可靠信息。但是当人们把所有材料都置于眼前时，我们还是可以看到查士丁尼确实真心地爱过他的妻子，尽管这段婚姻并没有留下子嗣。他甚至把一个行省的名字改成了皇后的名字。

图 5　圣维塔（拉文纳）教堂中的狄奥多拉镶嵌画

当皇后在 548 年因癌症去世之后，他没有再娶，而且常常去使徒教堂为她扫墓。有一份保存至今的材料记载道，在 559 年的一次迎接皇帝进入君士坦丁堡的盛大礼仪（adventus）中，年迈孤独的皇帝在使徒教堂前下马，并在逝者的墓碑前点燃蜡烛纪念（参见第十三章）。

第七章　向西方迈进：与汪达尔人和东哥特人的战争

　　盖塞里克（Geiserich，逝世于477年）在北非建立起了独立的汪达尔王国。在这个国家里，信奉阿里乌派的国王们统治着追随罗马天主教的居民。居民自然也感受到了来自统治者的压迫。他们的处境直到希尔德里克（Hilderich，523~530年在位）当上国王后才有所改善——这位君主对天主教的积极态度已经超过了简单的好感。由于有着共同的信仰，查士丁尼和希尔德里克之间有着良好的关系。然而希尔德里克越来越控制不住反叛的柏柏尔族群给国家带来的威胁。在他遭受了一场面对柏柏尔人的重大失利之后，他指定的继承人盖里莫尔（Gelimer）发动政变把他囚禁了起来，并在530年登上了王位。查士丁尼认为这是篡位行为，并要求盖里莫尔立刻还位于合法的天主教国王。盖里莫尔对此则无动于衷。

与我们经常看到的说法，甚至是东罗马历史记载自身的看法（后世对当时事件的回顾）正相反，查士丁尼完全没有在一开始就打算征服汪达尔王国。由于盖里莫尔对他的抗议书信完全没有任何反应，皇帝首先计划的是用军事行动去惩罚篡位者，而最终的目的也只是让皇位重新归于希尔德里克。皇帝的大臣们对这一决定却并不太赞成；他们提醒皇帝，这类行动会耗费大量资源，并举出468年东西哥特人联合攻打汪达尔计划最终失败的例子来说明军事上极高的风险。卡帕多契亚人约翰几乎成功地说服了皇帝改变主意，但一位主教的介入以及皇帝从自己梦境中得出的预言让皇帝又记起了自己的宗教责任，并让他最终坚持了自己最初的决定。

533年6月中旬，在贝利撒留的领导下，一支小规模的军队离开了君士坦丁堡。

它仅包含 1 万名步兵，5000 名骑兵，贝利撒留自己的近千名侍卫和 92 艘战船。

就像查士丁尼参与过的其他战争一样，我们对这次战役的了解也是来自普罗柯比的《战争史》。普罗柯比曾作为秘书随着他的英雄贝利撒留多次出征，因此十分了解他写作的对象。随着贝利撒留从 6 世纪 40 年代开始所获的胜利越来越少，普罗柯比也渐渐表现了对他的失望，这明显地表现在普罗柯比所写的《秘史》中对贝利撒留的尖刻攻击之中。但在目前，两人的关系还没有往这个方向发展。

盖里莫尔很显然没有料想到，东罗马真的会对他发起进攻。他正在集中精力对付内部的贵族和外部的柏柏尔人给他带来的困难。此外，他还要面对在行省的黎波里塔纳（Tripolitana）和撒丁岛上出现的僭主。为了打败后者，他不得不让自己的弟弟察宗（Tzazon）带着军队当中最精锐的部分出征。在外交局势上，盖里莫尔是完全孤立无援的。当时东哥特人跟罗马人更为亲近，而西哥特人则想置身事外。此时，

贝利撒留的军队在西西里岛驻扎了下来，以便
对战况展开调查。人们惊讶地发现，汪达尔人
始终是在一种六神无主的状态之中。之后罗马
人便在非洲的海岸上登陆，并开始向迦太基推
进。贝利撒留再一次强调，这只是为了让希尔
德里克能重返王位。为了不让罗马人达成目标，
盖里莫尔直接杀掉了老国王，并在迦太基以
南15公里处的阿德底斯姆（Ad Decimum）对
入侵者发起了攻击，以便直接消灭他们。但他
的战争计划并没有奏效。当他的兄弟阿马塔斯
（Ammatas）阵亡之后，盖里莫尔失去自控并最
终输掉了战斗。两天之后，533 年 9 月 15 日，
贝利撒留就率军进入了迦太基。盖里莫尔聚集
了他全部剩余的军队，并在出征撒丁岛的军队
回来之后，再次和罗马人展开决斗［在特里卡
麦伦（Tricamarum）］，但再一次失利。他在一
个山中要塞里坚持到了534 年 3 月，然后就放
弃了。

　　在这出乎意料而且酣畅淋漓的胜利之后，
有流言称贝利撒留想要自立为王。为了揭穿谣
言，贝利撒留决定立即带上汪达尔王室的财宝

和盖里莫尔本人星夜赶往君士坦丁堡。皇帝对收复北非这一完全出乎意料的结果感到特别高兴。上帝再一次给予了他特别的恩宠，而查士丁尼也激动地记录道："我们是以主耶稣基督之名来执行所有计划和开展所有活动的。通过他，我们获得了对帝国的统治权；通过他，我们与波斯人缔结了永久的和平协议；通过他，我们击败了最可怕的敌人和最强大的暴君；通过他，我们战胜了无数的困难；通过他，我们获得了保护非洲的任务和治理它的权力；还是通过他，我们有信心让非洲在我们的治理之下井然有序，并让它的安全得到充分的保证。"（《查士丁尼法典》第1卷第27章第2节）

公元534年，国都按照罗马共和国时代的模式举行了盛大的凯旋庆典。贝利撒留在人们的欢呼簇拥之中、在战俘和珍贵的战利品的环绕中缓缓穿过街巷。战利品中还包括提图斯皇帝（Titus）在70年从耶路撒冷带回罗马的犹太人的珍宝，它们是被盖塞里克于455年从罗马转运到非洲的。然而查士丁尼也非常小心地把他的大将的声望掌握在自己的控制之中：他没有为贝利撒留准备凯旋用的礼车，将军只能徒步参加游行；而且游行达到最高潮时，贝利撒留必须和盖里莫尔一样，卑微地臣服在查士丁尼的面前。不过查士丁尼为了奖励自己的大将军还是在535年赐予了他执政官的称号，而贝利撒留也非常隆重地庆祝了这次上任。盖里莫尔则在小亚细亚获得了一处丰厚的地产，他可以在那里度过余生。在普罗柯比的描写中他是一位颇有能力的战士，但其性格则暴虐且无所顾忌。普罗柯比是按照悲剧的写法来描述他失势的时刻的。比如，他饱含感情地写到盖里莫尔和他从撒丁岛撤回的弟弟察宗是如何在沉默中相互拥抱的；或者盖里莫尔在面对胜利的查士丁尼时是怎样感叹道："虚空之虚空，一切都是虚空！"

新征服的区域在534年迎来了民事和军事方面的重建，现在成为"非洲大区"（Praefectura praetorio Africae）。教会的重新组织则在535年完成。

从现在起，查士丁尼才正式着手准备完整地光复罗马帝国旧日荣光的计划，并把目光首先转向了饱受内乱折磨的东哥特王国。

东哥特王国在狄奥多里克（526年逝世）执政的最后几年中已经问题日多。希尔德里克统治下的汪达尔人和东罗马交好，这让东哥特人少了一个重要的盟友。更糟糕的是罗马和君士坦丁堡的教廷之间的新联盟进一步孤立了意大利内主要追随阿里乌派的哥特人。在意大利居民中慢慢也出现了对恢复罗马人统治的微弱希望。狄奥多里克认为这是叛国行为，于是以强硬的手段来回应。许多著名的元老，如伯丘斯（Boethius，卒于524年）和西马库斯（Symmacus，卒于525年），都被处以死刑；教宗若望一世也在526年被投入监狱。哥特人和罗马人之间的嫌隙越来越深，狄奥多里克的共处政策最终失败了。查士丁曾认狄奥多里克的女婿尤塔里克（Eutharich）为养子，并在519年任命他为执政官，因此也就接受了他作为哥特人的王储。但这并没有起到多少积极的作用，因为很快尤塔里克就去世了。

狄奥多里克的继承人是他不满10岁的外孙阿塔拉里克（Atalarich，526~534年在位），并由他的母亲、有权力头脑的阿玛拉松塔（Amalasuntha）摄政。阿玛拉松塔接受了古典式的教育，并为与罗马人达成平衡而不断努力。但这使她陷入了和哥特贵族的冲突之中。后者直接试图对还是孩子的国王施加影响，

图 6　狄奥多里克的陵墓（拉文纳）

并开始策划一个十分复杂的阴谋。不久之后，狄奥多里克的一个可疑的外甥，狄奥达图斯（Theodahat）也加入进来。在阿塔拉里克过早死亡之后，狄奥达图斯就接过了王位（534~536年在位）。阿玛拉松塔仍然掌握实权，但很快狄奥达图斯就开始扩张自己的力量。他在托斯卡纳或合法或非法地占有了大量田产，并且迄至当时都还在热衷于钻研学问。现在他也开始和东罗马谈判以保证自己的地位，同时也囚禁了权力极大的阿玛拉松塔，并在不久之后杀害了她。据传言，狄奥多拉也参与了这些计划。这期间拉文纳和君士坦丁堡之间的紧张关系在公开层面（也就是说，不管双方私底下进行了多少秘密谈判）也急剧恶化，而查士丁尼也就以阿玛拉松塔之死为缘由向哥特人宣战。

帝国军队的进攻计划分为三部分：在尼卡暴动时为皇帝立下了大功的蒙多斯负责对付达尔马提亚（Dalmatien）；贝利撒留负责从西西里发动主要进攻；此外，皇帝还试图让北部的法兰克人也加入进攻的行列。很显然，皇帝十分相信自己的实力，也就不担心在意大利的群雄争霸中除了哥特人再培养出一个新的竞争对手。到 535 年年底，蒙多斯成功地控制了达尔马提亚；贝利撒留在西西里也同样高奏凯歌。535 年 12 月 31 日，也就是贝利撒留执政官任期的最后一天，他大张旗鼓地开进了叙拉古，并向人们抛撒金币。

狄奥达图斯现在是坐立难安。据说他让查士丁尼的使臣彼得·帕特里克（Petros Patrikios）——6 世纪时东罗马的一位重要外交官——去见皇帝，向他说明只要给自己足够的补偿就愿意在意大利退位。皇帝很高兴地接受了这个提议。但当哥特人成功袭击达尔马提亚并击杀了蒙多斯的消息传来之后，狄奥达图斯又不再承认他的提议，并囚禁了彼得许多年。然而，皇帝的一支部队又抢回了达尔马提亚。同时，贝利撒留开始在意大利大举进攻。他几乎没有遇到任何值得一提的抵抗就打到了那不勒斯城下。而在围城不久之后，那不勒斯也被攻破。

狄奥达图斯对此没有采取任何行动，而哥特人现在也选了更能干的战士维提吉斯

（Witigis）作为新国王。被人们憎恨的狄奥达图斯，阿玛尔家族的最后一任国王，在逃跑的路上被人杀害。维提吉斯首先决定采取防守战略：他在罗马留下了一支守军，然后带着主力军退守拉文纳。这样一来，意大利中部实际上就成了一片坦途。到了拉文纳以后，他强迫狄奥多里克的外孙女玛塔松塔（Matasuntha）嫁给他，这样他就和伟大的阿玛尔家族联上了姻。

维提吉斯首先通过协约消除了法兰克人进攻的威胁（他放弃了对普罗旺斯的统治权），并袭击了驻守在达尔马提亚的东罗马军。在面对他的时候，贝利撒留才确实碰到了哥特人的有组织的抵抗，而真正的战争终于拉开了帷幕。然而哥特人回头保卫罗马的时间却太晚了。自536年12月起，贝利撒留就和5000名士兵一起占据了罗马。"永恒之城"又重新回到了罗马人手中——东罗马人当然认为自己就是罗马人。随之开始了长达一年的攻城战。其间，不管是据传有15万大军的攻城一方，还是守城一方，冲锋中的死伤、饥饿、瘟疫都留下了数不尽的死者。哥特人一次又一次地向城墙发起冲击。在一次进攻中，他们可能损失了多达 3 万名士兵。此外他们也经受着疾病和供给不足的考验。罗马城内的不满情绪也在扩散。哥特人破坏了他们的供水系统。由于有通敌嫌疑，贝利撒留不得不废黜了教宗西尔维，并且驱逐了一些元老。在防御过程中，人们甚至被迫拿着古代雕像砸向哥特士兵。537 年 11 月，守城一方终于迎来了援军和生活必需品的补给。现在哥特人提出休战三个月，以便和东罗马进行和谈。贝利撒留却不顾停战协定，让军队在皮西努姆（Picenum）地区抢掠，并占领了阿里米努姆（今天的里米尼）。现在罗马人已经紧逼到拉文纳附近了。于是维提吉斯只好在 538 年 3 月放弃了对罗马的围攻。同年 6 月，贝利撒留离开了罗马，并开始占领哥特人在中部和北部意大利的防卫区。一场艰苦的、资源匮乏的阵地战就此打响。同时，538 年的意大利遭遇饥荒，这使得本就十分广泛的匮乏状况更加严重。吃人的传言在人群中流传。皇帝也派人进一步增援：同样在尼卡起义之后就声名鹊起的太监纳尔西斯带了 7000 人在意大利登陆，并和贝利撒留会合。然而领袖之间却出现了权限之争，本来的援助最后却变成了掣肘。虽然援军解了维提吉斯对里米尼的围困，并且东罗马人也占领了对哥特人来说尤为重要的乌尔比诺，但本已在他们手中的米兰却又被哥特人和勃艮第人重新占领。后者还在城中大开杀戒。查士丁尼因此召回了纳尔西斯。阵地战此时已变得越来越持久和残酷。贝利撒留把539年的大部分时间都花在了对山中要塞奥克希姆［Auximum，今天的奥西莫（Osimo）］的围攻之上，这是他通往拉文纳路上的重要障碍。意大利北部发生的一次法兰克人袭击更添加了别的问题。他们攻击阻挡他们的任何人，不管是罗马人还是哥特人。他们当中那些其实是天主教的战士把俘虏的女人和小孩当作祭品献给了波河的河神。但疾病和供给的不足最终让他们打道回府。贝利撒留最终攻下了奥克希姆，菲苏拉［Faesulae，今天的菲耶索莱（Fiesole）］也落入了罗马人的手中。维提吉斯其实早就明白，面对已经在意大利北部和中部多个战场拖住了哥特人部队的罗马军，长久下去自己肯定是无力坚持的。于是他在 539 年年初向外求援。由于他谢绝了法兰克人再次参战的建议，因此只好先求助于伦巴底人——这并不成功，随后又转向波斯人。他希望波斯人能让东罗马人陷入两线作战的困境。

与此同时，贝利撒留开始了对拉文纳的围攻。在罗马军队的压力面前，一支哥特人的解围部队四散而逃。而当查士丁尼知晓了哥特人向波斯求助的情况后，他提出了沿波河分治意大利的建议。在波河的北部，哥特人可以保留一个独立的王国。在事后看来，这本应是一个非常理想的方案，因为由哥特人构成的缓冲国家可以在外敌入侵时很好地保护罗马人的意大利领土。然而贝利撒留的固执使这一建议没能变成现实。由于他相信自己可以获得更多的战果，他拒绝在和约上签字。接下来发生的事情并不能很好地被解释清楚。哥特贵族向贝利撒留提出，拥立他做西方的皇帝。贝利撒留似乎接受了这一建议，但这可能只是表面上的迎合。无论如何，最后贝利撒留和平地进驻了拉文纳，并把维提吉斯囚禁了起来。东罗马终于获得了这场战争的胜利。

然而关于贝利撒留觊觎皇位的传言又开始散播。查士丁尼召他速回君士坦丁堡，而贝利撒留也服从了皇帝的命令。他带着维提吉斯回到了国都，但是这次他得到的接待却是冷若冰霜。皇帝既没有准备凯旋仪式，也没有对外公布战利品。普罗柯比把这归咎于查士丁尼的嫉妒。但事实应该是贝利撒留拒绝签订分治和约的行为是一个危险的举动，而且与皇帝的愿望并不相符，还可能带来完全无法预见的后果。同时，与之前打败汪达尔人的战争相比，征服意大利的过程并没有特别成功的战役，相反，每一场战斗都极其艰苦，且耗费了大量资源。这其中的原因大概有一部分也是贝利撒留战略决策中的问题。

维提吉斯是查士丁尼承认的最后一任东哥特国王。此后的继承者在君士坦丁堡之主的眼里都只是僭主，也就是非法获取了政权的强人。维提吉斯执政之初制定了聪明的政策，并积极地领导战争。然而他渐渐地被贝利撒留的阵地战拖垮，并最终失去了对事态的控制。围攻罗马的失败始终是他头顶沉重的阴云。538 年之后，他没有再离开过拉文纳。对于他的哥特臣民来说，他已经失去了国王的气数。而正因为如此，他的侄子乌莱亚斯（Uraias）拒绝了做他的接班人，因为他认为厄运已经开始临近他们整个家族。542 年，维提吉斯最终作为罗马帝国的贵族死在了君士坦丁堡。菲利克斯·达恩（Felix Dahn）在他的小说《为罗马而战》（*Ein Kampf um Rom*，1876 年）中把维提吉斯写成了从人民中走出、由军队集会选举产生的"人民国王"，一个英勇的战士，一个因其高贵品质甚至甘愿为了与冰冷的玛塔松塔的政治联姻而放弃自己爱妻的人。

第八章　进一步的改革

在征服了汪达尔王国之后，查士丁尼在对外政策方面的目标就逐渐形成了。皇帝现在制订的宏大计划在 533 年年末才最终确定的正式头衔中初现端倪。胜利头衔对他（现实中和希望中）成功征服的各族人民进行了列举。皇帝从此以后便自豪地称自己为"英白拉多、恺撒 ①，弗拉维·查士丁尼，征服阿勒曼尼人、哥特人、法兰克人、日耳曼人、安特人、阿兰人、汪达尔人和非洲人的，虔诚、幸福、卓著、胜

---

① Imperator（直译为"统帅"）、Caesar（"恺撒"）、Augustus（直译为"尊贵者"）都是罗马帝国皇帝的称谓，故一般均译作"皇帝"。此处均用音译，以示区别。

利、凯旋的，永远的奥古斯都"。最晚从 535 年
起，查士丁尼更是在书面命令当中加上"因我
们的主耶稣基督之名"这样的庄重引语，以强
调自己的权柄是来自上帝的。在他的敕令（从
535 年起）的序言中，我们不时可以看到许多透
露查士丁尼"皇帝观"的重要元素。"皇帝观"
这个词并不是特别恰当，因为它没法区别皇帝
的自我理解与对自我形象的展示。古典时代晚
期传统的表现帝王的方式和皇帝关于自身基督
教使命的意识在查士丁尼那里都被大幅超越了。
这两者在他那里相互交织，并形成了一种让人
惊叹的新的理解。根据这种理解，由神授予权
力的皇帝"是位居上帝之后的万物共同的父亲"
（第 98 号敕令），他有责任保护真正的宗教。这
就给了他干涉宗教事务的理由，并把皇帝当作
了教会的教理决议（Kanones）的保护人。皇
帝的决定将设法建立天上和人间事物之间的和
谐联系（symphonía）（第 42 号敕令），为帝
国及其臣民谋福利。由于他有着对人类的博爱
（philantropía）和谨慎的思虑（prónoia），夙兴
夜寐、无比虔诚的君主总是事无巨细，一律躬

亲。皇帝的所有措施都是为了改善或治愈"染病"的情况。他的立法考虑到了自然的多变，并试图灵活地应对它的变化（这也包括对过去法律的修改）。

查士丁尼努力让自己达到这样的要求。他的《查士丁尼法典》在开头便纲领性地定义了真正的信仰（《法典》第1卷第1章）。他还赋予教理法律效力（第131号敕令）。对查士丁尼而言（就像对于从前的皇帝一样），君士坦丁堡是在罗马之后排第二位的，但它有着和故都一样的特权。查士丁尼也以多种方式干预教会的组织，并规范它们的权限。他保护教会的财产，并专门为它们设计更有利的继承法规，减免税收，以帮助它们增加自己的财富。神职人员获得了大量特权，但也必须严格遵守生活方式和教权行使方面的规定。其他规定还涉及主教和神职人员的祝圣仪式、加入神职人员行列的条件等。

在帝国的行政治理方面，查士丁尼积极地着手解决长久以来的贪污受贿、卖官鬻爵和滥用权力的问题。从前的公共职务有的被取消，

图 7　查士丁尼金币

有的被重新命名。职权也被重新调配，另外也有设置新的职位。后者主要出现在 535~538 年间着重进行的针对行省行政系统的大规模改革当中。在这一方面，查士丁尼并没有遵循一个严格的理念，而是在各个行省当中根据时下具体出现的问题来作出反应。如果相应措施效果并不好或者大环境已经改变，那么即便规定生效的时间不长，它们也一定要被修改。于是我们不仅看到有新的行省出现〔非洲（534 年），意大利（554 年），叙利亚地区的狄奥多拉（535 年之前）〕，也看到行省被重新组合和分割。在有的省份中，古典时代晚期十分常见的民事与军事权力分离的惯例也被打破。这也宣示了拜占庭时代的来临。

查士丁尼尤其关心那些与古罗马类似、有

着良好自治传统的城市，因为它们的繁荣是罗马帝国的传统支柱之一。然而很长时间以来，城市中公职人员出逃的问题越来越严重。这里的公职人员（Kurialen）是指市议会的成员，他们是地方上的行政人员。他们负责管理城市的行政和公共生活。但由于他们要对自己社区中的税收来源负责，这一原本受人尊敬的职务在古典时代晚期就越来越成了一种负担。许多市议员干脆就跑掉了。这样一来，他们那些留了下来的同僚们要承担的经济负担就更重了，自然也面临着新的压力。查士丁尼跟他之前的皇帝一样，试图扭转这一趋势。比如，他禁止市议员转为神职人员，以防止他们逃脱自己的责任。通过重新规定"公民保卫者"（*defensores civitatum*）的作用，在面对行省长官时，城市也获得了更多的的权利［第 15 号敕令（535 年）］。此外，皇帝也试图保证城市有充足的财政资源开展基础建设、粮食购买等工作（第 128 号敕令第 16 节）。然而这项政策似乎并不怎么成功，普罗柯比也认为其实皇帝的意图可能刚好相反（《秘史》第 26 章第 5~11

节①）。曾经以非正式的方式不断提高自己地位的地方主教如今也有了更清楚的权力和职能。他们作为"额外的"行政人员参加政治工作，并受到官方机构的制约，也接受后者的监督。

皇帝也制定了一系列措施来解决法官贪污和司法迟延的问题。各个法院的管辖范围也得到了相应的规定。

查士丁尼的政策所带来的巨大开支——主要是战争和建筑所需的资金——对于帝国来说是一项沉重的负担，其结果便是赋税繁重，而帝国在其他领域投入极少。普罗柯比在《秘史》中极为严厉地批评了这一点。吕底亚人约翰（Johannes Lydos）在一份不完整的清单中列举了 27 个不同的税目（*De magistratibus*，3，70）。为了支撑他的庞大开支，皇帝任用了一些机灵的官员。卡帕多契亚人约翰就是这样一位十足的财政天才。他和查士丁尼一样出身卑微，但在 531 年被任命为东方大区的长官

---

① 《秘史》中的这一段大意是说查士丁尼取消了许多公共补助，使医生和教师的生活陷入困难；公共建筑和其他公共设施也同样得不到充足的资金，就连竞技场和公共剧场的活动也都取消了。

（praefectus praetorio Orientis），因而也成为帝国最高级的行政长官。他严格的节约政策使得文献中对他的描写都是十分负面的。我们也很难考证这些描写到底是否符合事实。他尤其创立了一种臭名昭著的"空气税"（aerikon）（普罗柯比，《秘史》第21章）。在尼卡起义中，约翰曾在短期内被解除了职务，但是仅仅几个月过后，皇帝再次任用了他。538年，他获得了执政官的称号，也登上了自己政治生涯的顶峰。然而他对皇帝极大的影响也成了他失势的原因之一。狄奥多拉似乎为他设计了一个陷阱，让他卷入一场叛国阴谋。541年，查士丁尼不得不再次撤销了他的职务，并且将他流放他乡，让他做了神父。在548年狄奥多拉去世之后，约翰再次受命回到了君士坦丁堡，他最后也以神父的身份在国都去世。他最重要的继任者是财政专家彼得·巴尔西梅斯（Petros Barsymes，543~546年和555~562年两度担任公职）。比起约翰，他在寻找新的财政收入来源方面就没有那么成功了，因此他的地位也更不稳定。民众对他的政策的回报是在562年烧毁了他的住宅。

尽管帝国的赋税整体来说是十分沉重的，但不时也会有短期减免（比如对战争中遭受劫掠的城镇）、单项补助和利息调整等措施。在541~542年的瘟疫过后，皇帝也试图用财政措施控制价格上涨的情况（第122号敕令），但没能阻止货币的贬值。在经济发展方面值得一提的还有养蚕方法的引入。551~552年，一些修道士成功地把蚕卵偷运到了东罗马，从此之后东罗马的经济中就有了独立的蚕丝制造产业。

查士丁尼立法中的一部分也涉及妇女和儿童的地位。女性在婚姻当中的地位有所提高；政府也着力打击抢劫妇女、奴役和遗弃儿童的行为。此外还有关于嫁妆和继承方面的法规。

法律中的另一部分经常被称为查士丁尼的"社会福利立法"。这一称呼并不太准确，因为相关的规定不过是基督教扶贫济困的理念和皇帝作为庇护人的传统义务的体现。它们之所以在查士丁尼那里有着特别的意义，还是因为皇帝对自己受之于天的使命有着特殊的理解。这一类的措施包括对奴隶生活条件的改善、对社会福利和救助机构扩建（照顾外邦人、穷人、孤儿、病人的机构，养老院和修道院）和对卖淫行为、皮条客以及同性恋、鸡奸等的打击。

查士丁尼尤其在自己执政之初表现了一位热心积极的改革者的形象。他大部分的立法工作都是在527~542年完成的。在此之后他的积极性就大大下降了。这是因为在6世纪40年代初，一系列事情的发生让皇帝和帝国都不得不面临全新的挑战。伟大胜利的时代已经一去不复返了。

第九章　转折时期：战争负担与公元540年后的大瘟疫

当人们事后回想在539年年末出现的彗星时，它所代表的意义对于大部分那个时代的人来说都是清楚无疑的：它代表着将要在罗马人中出现的大灾难。而由于它后来获得的特殊意义，人们都直接把它称为"那颗彗星"。这种通过后来发生的事件去重新解释过往、把自然现象看作未来事件的预兆的视角在古典时代是十分常见的，更不用说在本来就受到末世观极大影响的6世纪。而彗星出现后发生的事件似乎也肯定了这样的关联。

过去，包括在查士丁尼的统治下，总有外

族的军队跨过多瑙河，到罗马帝国境内烧杀抢掠。但是 539~540 年间库提古族的保加利亚人（kutrigurische Bulgaren）发动的进攻却格外猛烈。侵略者们给色雷斯和伊利里亚带来了巨大的破坏，并抢掠了卡桑德里亚（Kassandreia），最后甚至攻到了君士坦丁堡的"长城"脚下。有的人通过劫掠商船也在小亚细亚的海岸上成功登陆。普罗柯比有些夸张地写道，被俘的罗马人多达 12 万。一支保加利亚军队也深入希腊腹地，他们绕过了温泉关并直达科林斯地峡。只有伯罗奔尼撒半岛没有受到冲击。

帝国东部的情况甚至更加糟糕。当时正是科斯劳统治的时期。科斯劳一世，"不朽的灵魂"（Anuschirvan）是波斯萨珊王朝最为重要的君主。他像查士丁尼一样是一位不知疲倦的改革者，在涉及自己权力的问题上不择手段，并且是罗马人外交政策中最为头疼的对手。在他的治理之下，波斯帝国的内政逐渐稳定了下来，并且在对外战争中征服了新的领地。科斯劳听到了维提吉斯在罗马人的压力下发出的求救呼声（见第七章）。本来在非洲取得胜利的罗马人就已经是他的眼中钉了。现在他觉得是时候进行一场回报丰厚的劫掠战了，这是因为查士丁尼盲目地相信和波斯签订的"永久"和平协定，不可原谅地忽视了东部边境的防御工作。540年年初，科斯劳集结了一支大军开始进攻东罗马。根据之后的传统记载，波斯王的军队共有9万人马。我们无法完全确定这一数字的可靠性，但无论如何，波斯军队的力量一定远在罗马守军之上。不久之后，波斯王进攻的目标就清楚地显现了，那就是帝国东部的中心安条克城，即继君士坦丁堡和亚历山大之后帝国中最大的城市。查士丁尼让自己的表弟日耳曼诺斯（Germanos）带了一支300人（区区300！）的军队前去支援。当看到这样的"支援"的时候，受侵地区的居民大概感到了几分无奈。随后查士丁尼又答应再增派一支军队，但这个诺言最终也没有兑现。人们紧急从当地居民中集结了6000名士兵，以便至少能在波斯军来到的时候作一点抵抗。与此同时，科斯劳的快速行军则相当顺利。他没敢攻打罗马人守卫森严的边境城堡科尔克松（Kirkesion）。相反，他沿着幼发拉底河一直向西北前进，经过色诺比亚（Zenobia）——但此地对他来说并不值得占领——最后到达苏拉（Sura）。波斯军在这里肆意抢掠，并最终放火烧城。城中的居民或遭屠杀，或沦为奴隶。此时也出现了一些混乱的外交尝试。在皇帝放弃了防御工作之后，一些受到威胁的城市的主教开始行动，试图用赎金换取城市的安宁。对于科斯劳即将到达的赫拉波利斯而言，这一努力获得了成功。在此之前，罗马帝国负责东部地区的最高将领布泽斯（Buzes）本来也住在这座城中，但在波斯人征服了苏拉之后，他就带着精锐部队逃离了赫拉波利斯，听任这座城市自生自灭。人们因此越来越失去对帝国领导层的信任。而科斯劳现在又向贝罗亚（Beroia）的主教保证，只要他们拿出一笔高额的赔款，那么波斯人不仅不会进攻安条克，甚至会马上退出罗马帝国的领土。最糟糕的结果在此时似乎仍然是可以避免的。但这只让后来的情况看起来更让人失望：当这位主教带着这个好消息到达安条克的时候，皇帝的使臣也来到了城中，但他们坚决拒绝任何与波斯人媾和的可能。日耳曼诺斯因此再也忍受不住，逃走了；牧首埃弗拉伊姆同样悄悄溜走了。现在，安条克完全变得孤立无援。科斯劳则畅通无阻地朝他的目标推进。贝罗亚落入了波斯人之手，被击溃的罗马军倒戈加入了波斯人的行列。安条克的局势越来越危急，而波斯人的铁蹄最终也来到了城墙脚下。科斯劳再一次向罗马人索要赎金，他甚至降低了索要的金额，但皇帝的使臣们依然顽固地拒绝了和谈。于是科斯劳展开了进攻，而罗马人的正规军很快就四散而逃。安条克人完全无力独自拯救自己的城市，于是这座大都市遭到了彻底的毁灭。幸存的居民被科斯劳强制迁徙到波斯境内的一处新的聚居地继续生活。

安条克的毁灭给罗马人造成了极大的伤害。在许多史料中都可以看到人们在这一事件面前所感到的震惊，而且数十年后它依然是人们记忆中无法抚平的创伤。至少在许多当时的居民眼中，皇帝没有采取任何措施就放弃了这座东方最为重要的城市。

现在君士坦丁堡终于愿意跟波斯人谈判了，并且双方很快也达成了协议：罗马人要支付高昂的赔偿金，而波斯人会尽数回到自己的国家。然而波斯人在撤离过程中也依然经常节外生枝。科斯劳"造访"了塞琉西亚（Seleukeia）①、达芙妮（Daphne）②和阿帕美亚（Apameia）③。阿帕美亚当地居民认为，他们的城市之所以没有受到破坏，是因为一件十字架圣物带来的奇迹。埃德萨用赎金换来了和平；达拉遭到了攻击，但没被摧毁。最后科斯劳终于撤出了东罗马。

在意大利，自贝利撒留 540 年回到了君士坦丁堡以来，罗马人的状况也急转直下。短短几个月之内，艰苦战争换来的战果就消失殆尽。由于贝利撒留拒绝了哥特人拥立他做西方皇帝的建议，哥特人也在组织新的抵抗运动。

新国王希尔迪巴德（Hildebad，540~541 年在位）——西哥特国王狄乌蒂斯（Theudis）的侄子——很快就控制了利古里亚（Ligurien）和威尼托（Venetien）地区。罗马人自己也因为军饷不足和将军之间的争执内耗不断，而东罗马

① 安条克的外港，位于今土耳其西代（Side）。
② 又译达夫尼、达佛涅，位于今土耳其哈尔比耶（Harbiye）。
③ 位于今天的叙利亚哈马城附近。

政权在税收方面的要求更让当地居民垂头丧气。在希尔迪巴德被谋杀之后，鲁吉人艾拉里克（Erarich）过渡性地接了权力，最后哥特人选择了希尔迪巴德的侄子托提拉（Totila，541或542~552年在位）作为国王。他是东哥特国王当中最出色的军队统帅之一。他的人格魅力以及针对东罗马的积极且颇具希望的抵抗活动不仅吸引着与他同时代的人们，而且让后世的历史学家和小说家大感兴趣——他们在他身上看到了一位伟大的"日耳曼"英雄。当然，历史的真相比这种渲染要现实得多。在托提拉主政的时代，意大利境内的人们经历着哥特战争最为可怕的阶段。而在罗马人取得了最终的胜利之后（552年），这片土地已经因为战争中的损失、破坏、饥荒和瘟疫而久久无法恢复生机。

最开始的时候托提拉似乎百战百胜，而对于罗马人来说，原本已经获胜的战争正在变成一场灾难。哥特人、其他"蛮族人"和罗马人都成群结队地投奔这位魅力十足的哥特国王。罗马人的军队是连战连败。托提拉成功地把战场推进到意大利南部。543年，他占领了那不勒斯，而贝利撒留取得的所有胜利似乎都消失殆尽。

此时君士坦丁堡内的情况又是怎样的呢？在这里，所有坏消息都汇集到了一起：厄运在541~542年间达到了一个人们从未经历过的顶峰。因为在541年年末，腺鼠疫出现在了国都之中。这是历史上对于这种疾病首次较为可靠的记载。接下来出现的惨状也是史无前例的。

在鼠疫暴发之前，国都曾经发生了数次地震。这使生活本就艰辛的人们遭受了更大的打击。对末世的期待再一次兴盛起来。时间已经到了吗？根据约翰·马拉拉斯的记载，一位大声预言海水即将淹没一切的妇女在君士坦丁堡内引起了广泛的关注。在祈祷游行中，人们在街道之中来回穿梭，希望以此化解掉可怕的厄运。然而他们的努力并没有奏效。541年，埃及的港口城市佩鲁修（Pelusion）暴发了鼠疫。疾病很快就蔓延到了亚历山大和巴勒斯坦，并可能通过水路在年底传播到了君士坦丁堡。它在整个帝国境内一直持续到543年，甚至让波斯战争停了下来——科斯劳在540年的撤军并没有使战争完全停止。从现在起，鼠疫在很长一段时间内都在帝国肆虐，它在当地扎下根来。一波接一波的疫病不断地在个别地区和城市之中暴发，比如558年在君士坦丁堡，560~561年是在安条克和奇里乞亚（Kilikien）。疫病波及的地区也超出了东罗马的疆域。590年罗马城内也暴发了鼠疫，就算是斯堪的纳维亚半岛也未能幸免。直到8世纪中期疾病才慢慢消失。然而最为严重的一波就是541~542年的那次。当时的作家们发现"全世界"都遭到了鼠疫的影响。史料中遇难者的数量是十分庞大的。当以弗所的约翰说，君士坦丁堡每天有多达1.6万人死亡，或者当普罗柯比认为，一半的帝国居民都在瘟疫中丧生的时候（《秘史》第18章第44节），这些统计显然是有些夸张的。但这样的数据也清楚地说明，人们觉得这次灾难的后果是多么难以想象。他们给出的数据可以被当作"无数""不可想象""难以置信"等的同义词。

在现代的研究中，人们经常猜测鼠疫对人口发展到底带来了怎样的影响。由于这里没有可以利用的数据，要想找到一个准确的答案基本是不可能的。但十分确定的是，地中海地区的人口总数大幅度减少。最接近真实状况的评估应该是减少了 25% 的人口。但这仍然只是猜测。而且地区之间的差别也相当大。受到打击最大的是城市，尤其是滨海城市。在这些交通节点上，相当数量的人生活在卫生条件不佳的环境之中，从而为疾病的传播提供了绝佳机会。但也有城市很幸运，完全没有受到影响，只是它们很可能最终在数年之后新一轮的疾病暴发中倒下了。

通常来说，疫病在越深入内陆的地区传播也越缓慢，但有的地区依然没能避免沉重的损失。以弗所的约翰在瘟疫期间走访了东罗马各地，包括疫情最为严重时的国都君士坦丁堡。他看到了空无一人的村庄、无人耕种的田地，以及受到牲畜疫病影响的牧场。手工业受到了严重影响，货币不断贬值，基础设施的运行多次崩溃。在有的城市中，比如在君士坦丁堡，公共生活完全停止。许多人为了躲避疫病从城市逃往内陆地区。许多更小一些的居民点因为死难者太多而被彻底抛弃，人们不得不逃往更大型的聚居地。这一切都导致了居住点的地理位置发生改变，其中期效果则是引起了古代城市文化的变更。

在鼠疫之后又发生了饥荒。人们在史料中可以反复看到在6世纪40年代帝国的各个地区中发生的严重饥荒。同时，大量居民的死亡使得军队征兵的工作也举步维艰。在城市中，关于如何埋葬死者的争论造成了极大的混乱。根据编年史家狄奥法尼斯的记载，在558年君士坦丁堡第二次遭遇鼠疫的时候，城中活着的人已经不足以完成埋葬工作了。普罗柯比则记录道，在541~542年间，查士丁尼曾命令他的一位官员带上一个坚强的工作组来完成清理难以计数的尸体的工作。

然而最折磨人的还是恐惧本身。由于人们不了解疾病的原因和它的传播路径，也无法解释一波接一波间歇性的，甚至似乎是有计划的暴发，民众当中的不安感一直在不断增强。由于相继出现了腺鼠疫、肺鼠疫和由鼠疫引起的败血症，而它们的症状、发病过程和死亡率都不相同，且在幸存下来之后通常会但并不是绝对会产生抗体，人们的不安情绪就更加厉害了。以弗所的约翰每天早晨都担忧地问自己，他是否能平安地活过新的一天。当君士坦丁堡的居民弃家出逃时，他们都会带上写有他们名字的手环，因为他们害怕万一自己突然死去，会被人扔进无名冢中，或者直接被弃置在大街上。

在史料中我们常常可以看到，人们总在尝试从这些事件中找到相关的意义，或者至少从中发现一些规律性。所有人都同意的一点是，鼠疫是上帝放入人间的，而且人们也同意传统的解释模式所认为的上帝的愤怒是源自人的罪恶。以弗所的约翰写下的详尽而且充满悲悯的鼠疫记录就是这样一个解释人类行为意义的范例。在记录每一个具体案例时，他都分析了罪人是如何受到鼠疫的惩罚的，并且毫不遮掩地把鼠疫的可怕尽数呈现在读者面前，以便引导读者去选择一种上帝所悦纳的生活方式。

为了躲避上帝的惩罚，许多人都突然转向了极为虔诚的生活方式——然而在疫情消退之后他们又马上恢复到了原来的状态。另一些人则对灾难的原因表达了更多的怀疑，比如历史学家阿加西阿斯（Agathias）就完全无法接受，上帝为了惩罚几个罪人就把无辜的人也一起杀死（《历史》第5卷第4章第3~6节）。有的人甚至完全无法在灾难中看出任何意义，因此在许多地方爆发了大规模的群体性歇斯底里。这可以涉及整座城市（比如542年的君士坦丁堡），并且持续时间可以长达几个月（比如560年在阿米达城）。

也有资料记载，有的人因此又转投异教。即便虔诚如教会史学家埃瓦格留斯也一度在他的亲戚病死后对上天的不公提出了抱怨。还有别的人认为引发鼠疫的就是那些修道士和神职人员，因此也有意避免和他们接触。人们相信，有鬼魂在街上穿行，它们把疾病投在人们身上。有的人甚至声称，他们看到了满载死于疫病的无头鬼的幽灵船。

就连皇帝查士丁尼也在542年感染了鼠疫，而且他的病情显然并不轻。帝国的高级官员们已经开始商量皇帝的继承人问题。由于贝利撒留和布泽斯在这个问题上相当不谨慎地发表了一些过激的看法，他们也就招致了皇后的怒火。

在此之后，布泽斯被关进监狱待了很长一段时间，而贝利撒留则被解除了对波斯战争的领导权——查士丁尼在 541 年刚刚命他率军抵御科斯劳的入侵。

但皇帝还是挺过了疫病。当鼠疫逐渐消退之后，完全回到过去的日常生活已经是不可能的了。540~542 年间发生的灾难已经改变了太多人和事。皇帝原本的乐观情绪如今也让位于一个苦涩的认识：上帝并不仅仅给了他恩宠。而人民也不知道该怎样理解这场灾难。由于它并不意味着世界末日的到来，因为基督始终没有降临，人们也就找不出一个合理的解释。因此灾难的影响甚至变得更大。同时，人们也清楚地看到，皇帝并不能给他的臣民带来帮助，不论是面对保加利亚人还是波斯人，不论是面对地震以及其他自然灾害，还是这次鼠疫。皇帝本人都几乎一病不起。那么上帝是对皇帝发怒了吗?

第十章　从皇帝到神学家

查士丁尼似乎认真地问过自己，上帝是否已不再悦纳他了，因为在 6 世纪 40 年代初的各种重大失败之后我们可以清楚地看到皇帝政策的改弦更张。他执政早期的积极活动现在变成了一种犹豫不决、被动回应的态度。史料——尤其是普罗柯比、阿加西阿斯和马拉拉斯的记载——记录下了帝国的停滞不前以及人们对未来可能发生的灾难的恐惧。事实上灾难确实仍在发生，尤其是地震。立法的数量在大幅度下降。相对于教会和宗教政策而言，其他政策——比如对外政策——都变得越来越无关紧要。查士丁尼在 541~542 年失去了自己忠实的追随者卡帕多契亚人约翰和特里波尼安（后者恰恰是死于鼠疫），他也越来越从一个对宗教问题感兴趣的皇帝变成了一个坐在王位上的神学家。普罗柯比曾看到，皇帝"深夜在毫无戒备的情况下和已至耄耋之年的神父们一道在一个大厅里认真地翻阅基督教的经书"（《战争史》第 7 卷第 32 章第 9 节）[1]。而史诗和赞颂诗诗人格里普斯（Coripp）也写道，皇帝现在的全部思考都只和上帝有关 [《赞美小查士丁》（*In Laudem Iustini Augusti Minoris*）第 2 卷第 267 行]。的确，在接下来的数年之中，查士丁尼开始写作神学论著，并且十分广泛且毫无顾虑地参与神学辩论。这一变化的标志并不在于皇帝任意地更换牧首，并且甚至是让罗马教宗也受到恶意对待；相比之下，更值得我们注意的应该是查士丁尼插手的方式。

在东罗马帝国，教会和国家之间并没有明显的区分。当君士坦丁大帝还在世的时候，就

---

[1]　此处中文翻译引自普洛科皮乌斯（普罗柯比）《战争史》，王以铸、崔妙因译，北京：商务印书馆，2010，第 745 页。

出现了两者的交会。之后这种交会并没有停止，反而越来越深。君士坦丁是按照传统的"大祭司"（pontifex maximus）来定义自己的角色的，也就是说他应当像古罗马最高祭司一样为祭祀活动和宗教事务尽心尽力；而这些事务的顺利运转最终也会保障国家的存续。虽然皇帝从 4 世纪晚期开始就不再使用这一异教的头衔了，但与之相关的自我认知却没有改变。同时，君士坦丁也立下了的先例，即皇帝为了解决基督教内部的争议可以主动召开大公会议，甚至可以亲自参加。因此，从一开始就不存在国家和教会之间的严格划分。至于两者在西方并不如在东方结合得那样紧密，这主要是因为西方帝国自身的虚弱及其最后的覆灭。这种情况下，罗马的主教——从 5 世纪起他们便可以被称作教宗——也获得了更大的行动空间，比如他们可以接过日渐衰微的皇室的职权。因此，我们也就不难理解，最先有意识地提出"二权理论"①的是一位教宗〔哲拉旭（Gelasius），492~496

---

① 教宗哲拉旭宣称教权与王权共同统治着世界，教宗与国王是并立的神圣力量，其权威皆由上帝授予。

年在位]，并且他是向东罗马的皇帝（阿纳斯塔修斯）提出了这一理论。

查士丁尼完全继承了东罗马帝国的皇帝们对自身职责的理解，并且在皇帝对宗教事务的干涉这一问题上，他受命于天的意识也让他的观点变得非常尖锐。对于查士丁尼来说，从所谓"国家"和"教会"二者之间的和谐关联（*symphonia*）之中才会产生帝国整体。他在535年以纲领性的方式表达了这一看法："上帝以其天国的恩宠赐予人们的最大礼物就是神职与皇权；前者为属灵的事务服务，后者涉及的是属人的事务并且为之操劳。有着共同起源的这两者规范着人们的生活。"（第6号敕令，序言）。然而在他眼中，这一和谐毫无疑问是依赖于作为上帝代表的皇帝，并且由他来领导的。这种观点很不幸地被人们冠以"政教合一"（Caesaropapismus）的名字。①

接下来我们要提到的重要宗教争论在研究

---

① 作者此处并未进一步说明这一称谓为何不当，但一个重要的原因应该是皇帝对教会事务的干预并不是完全不受限制的。东罗马的皇帝不能被看作教会的绝对领袖。

当中通常被称为"俄利根争论"和"三章案"。两者的发生时间有重叠，但从内容上看，它们的开展都是相互独立——尽管有的资料并不完全支持这样的观点。

俄利根主义包含的是一系列复杂的神学哲学观点，人们通常认为（这在一定程度上是不准确的）提出这些观点的人是伟大的神学家俄利根（逝世于254年）。俄利根倾其所能，以求把（新）柏拉图主义对于神和灵魂的解释与基督教的解释统一起来，因此他生前就遭到了许多人的反对。由他的名字命名的学说也多次被教会的机构认定为异端。对于查士丁尼来说，俄利根主义并不是什么新问题。皇帝之所以现在——也就是说从543年开始——才着手处理它，原因还是在于他从6世纪40年代开始就把注意力基本都转向了宗教和教会事务。生活在巴勒斯坦的一些修道士针对俄利根主义发生了激烈的辩论，而且争议最终上升到了牧首们眼前。安条克牧首埃弗拉伊姆判定其为异端，而耶路撒冷牧首彼得把教宗在君士坦丁堡的代表佩拉哲（Pelagius）卷入了争论，而后者又向查士丁尼作了报告。如前所述，皇帝对这一问题的具体内容应该早就有所了解。531年，支持俄利根的拜占庭的利奥提欧斯（Leontios）和著名的苦行者萨巴斯（Sabas）来到了君士坦丁堡，他们招募了一群信众，而且应该已把触角伸向了皇宫。尤其是，活跃的俄利根分子狄奥多罗斯·阿斯基达斯（Theodoros Askidas，逝世于558年）不久之后就成了皇帝的一名亲信。但尽管如此，查士丁尼在543年年初发布的专论中还是批判了俄利根主义。这份专论是以诏书的形式发布的，因此也具有法律效力。553年，在第五次跨教派大公会议召开之前，俄利根主义还遭到了一次批判。

今天我们很难评价接下来发生的事情。史料中的记载把狄奥多罗斯·阿斯基达斯的一次阴谋视为"三章案"的原因；现代的研究却认为这是查士丁尼所作的与一性论者和解的尝试。两种解释都不是十分可信：史料中呈现的阴谋论看起来太过精致，以至于让人无法相信这种说法是基于确切的事实。我们的主要信息来源是使用拉丁语的西方作者迦太基的利柏拉图斯

（Liberatus）和北非主教法昆都斯（Facundus）。似乎为了弥补他们对复杂的神学辩论以及在君士坦丁堡的教会及政治运作理解上的不足，他们就把所有问题都归咎于一场宫廷阴谋。这也基本符合古代历史写作把复杂的历史发展解释为个人行为的特点。而现代解释所提出的皇帝尝试与一性论者和解的说法之所以也不成立，是因为不仅在一般的资料中，而且即便是在查士丁尼自己的文字中，我们也找不到可以支持这一说法的一点信息。相反，查士丁尼关于一性论者的言论显示的更多是和他们关系的疏远以及对他们极大的厌恶。

所谓的"三章"（拉丁文为 capita，意为"头部"），是指一些被怀疑带有聂斯托利主义的作品（以及它们的作者）。更具体地说，他们分别是埃德萨的依巴斯（Ibas von Edessa，卒于457年）、摩普绥提亚的狄奥多罗斯（Theodoros von Mopsuestia，卒于428年）和知名的教会史学家居鲁斯的狄奥多瑞特（Theodoret von Kyrrhos，卒于466年）。狄奥多瑞特和依巴斯的学说在迦克墩公会议上是获得过认可的。也就是说，问题的关键依然是迦克墩公会议的后续影响。根据史料，狄奥多罗斯·阿斯基达斯大概正在准备为被批判的俄利根主义复仇，其方法正是把迦克墩的会议决议作为自己的攻击目标。为了获得认可迦克墩公会议的皇帝的支持，这次攻击必须在外表上看起来像是在反对聂斯托利主义和维护迦克墩决议。因此也就有必要特别指出"三章"中带有聂斯托利主义的内容，从而让皇帝更愿意批判它们。

如此一来，皇帝就会被诱入歧路，并且在没有意识的状态下不可避免地采取反对自己的宗教信仰的行动，即撤销大公会议上的重要决议。

这一说法之所以不可靠，首先是因为查士丁尼很早就已经了解"三章"的问题了，因为这在532年他与塞维罗斯派的对话中出现过（见上文第四章）。但就像在俄利根主义的问题上一样，值得我们注意的是，皇帝直到现在才着手处理这些问题。

544~545年间，皇帝拟制了第一份批判"三章"的专论，并要求五位牧首都签署它。有人认为这样做是十分可怕的，更何况查士丁尼已经（成功地）要求过主教们在他批判俄利根主义的诏书上签字。君士坦丁堡牧首梅纳斯（Menas，536~552 年在位）起初想先等教宗表态。但在被哥特人围攻的罗马城中，教宗维吉吕（Vigilius，537~555 年在位）于 545 年的一次弥撒中被捕，并在 547 年被送到了君士坦丁堡。虽然帝国用隆重的仪式迎接了他，他却在君士坦丁堡开始了很长一段时间的痛苦生活。最开始的时候，教宗和梅纳斯相互否认了对方的圣职，① 但几个月之后他们又重归于好。教宗于 548 年 4 月 11 日在其《判决》（*Iudicatum*）一文中批判了"三章"，但这也使他在西方教会中遭到了强烈的反对，比如 550 年的一次非洲主教会议就决定开除其教籍。迫于这一压力，维吉吕收回了《判决》一文，并和查士丁尼共同决定召开一次大公会议。在此之前，所有对

① 教宗维吉吕开除了梅纳斯的教籍，梅纳斯则将维吉吕的名字从记录着主教名单的双联画（Diptych）上去除。早期教会中，人们常把主教、殉教者等品行出众的基督徒的姓名刻在可折合的双联画上，以供瞻仰和祈祷。后来发展为只有不受争议的、信仰正统者的姓名可被刻在其上，因而除名的做法意味着将该人视为异端。——编者注

"三章"的攻击都应该停止。维吉吕则向皇帝保证，在这次大公会议上支持对"三章"的批判。然而当皇帝在551年夏天发布了一道关于正确的信仰的新谕令之后，教会内的冲突再度激化。这尤其体现在维吉吕和阿斯基达斯的冲突中。维吉吕取消了梅纳斯和阿斯基达斯的神职；但教宗自己为了躲避对方支持者的威胁也不得不多次出逃，否则他的人身安全也无法得到保障。

最终君士坦丁堡大公会议还是拉开了帷幕，历史上把它称为第五次跨教派大公会议（553年）。主持这次会议的是接替于552年去世的梅纳斯出任君士坦丁堡牧首的尤提丘斯（Eutychios）。皇帝虽然没有直接参加协商活动，但在为召开会议所写的诏书中，他已经明确提出了会议应该达到怎样的成果：大公会议应当支持对"三章"的批判。由于许多人抗议西方教会的代表人数不足，维吉吕自己也没有直接参加会议。他托人交给大会的一份协定建议（Constitutum I）没有得到与会者的任何注意。最终的决议是按照查士丁尼的意思拟定的。当维吉吕在553年12月和554年2月反复表示自己对大公决议的支持时（Constitutum II），他已经是身心俱疲了。皇帝现在派人把他送回罗马，可是这位不幸的教宗在返回的途中就在叙拉古去世了（555年）。他被人们认为是一位弱势教宗，一位没能在面对皇帝时清楚地表明和坚守自己的态度的教宗。他的继任者是佩拉哲（556~561年在位）。他本来是一位大力支持"三章"的教会人士，但皇帝让他出任教宗的提议最终也让他改变了自己的立场。然而他并没有得到广泛的支持。在罗马，他的地位主要是由皇帝的军队来维护的。意大利的几个主教区甚至因为反对他而与教会分裂；在意大利以外，他的声望也颇为有限。

查士丁尼最终达到了他的目的，即便这依靠的是大量针对身体和心理的暴力。无论如何，亚历山大牧首左伊罗斯（Zoilos）和耶路撒冷牧首玛卡里欧斯（Makarios）成了这场争论的牺牲品，并且失去了他们的主教职位。

如果说，皇帝并不是掉入了阿斯基达斯处心积虑设计的陷阱之中，也不是为了寻找和一性论者之间的新的平衡的话，为什么皇帝花了如此大的气力来处理这一问题呢？

为了回答这一问题，我们还是需要注意查士丁尼对于自己来自上帝的使命的特殊认识。他的个人信仰应当变成帝国里所有人的信仰。

对于他个人来说，最关键的是要保证迦克墩教理在面对一性论和聂斯托利派的挑战时能保有稳固的地位。为此，他还试图按照亚历山大的神学家西里尔（Kyrillos）的理论来解释迦克墩的决议。按今天的标准来看，这种解释会导致一些一性论的信条，但是皇帝本人却完全不是这样来看问题的。对他来说，他对迦克墩决议的解释——人们把它称为"新迦克墩"教理——毫无疑问是最为符合正教（正确的信仰）的解释。

皇帝的宗教热情并没有因此而得到平复。553年，他甚至借着一次犹太教内部关于祭祀中应当用哪门语言来诵读《圣经》的争论，立法来规范犹太会堂中的祭祀活动（第146号敕令）。他还尝试与波斯神学家对话。他的最后一次重大举措是在564年年末或565年年初发布的关于"不朽论"的谕令：皇帝在谕令中明确支持这个认为基督的肉身不会腐朽的一性论支派。长久以来，大多数一性论者——尤其是塞维罗斯——都批判了这个支派。因此在这个问题上皇帝也并不是在寻求和一性论者的和解。查士丁尼再次要求所有主教都要接受这道谕令，但这又导致了新的冲突。所有东方教会的牧首都迟迟不肯从命，而第一个因此遭到流放的就是君士坦丁堡的牧首尤提丘斯。但这一次，皇帝的去世最终结束了混乱的局面。

人们常常把查士丁尼宗教政策的发展路径描述为"之"字形。第一眼看来，从对"神受难论"的支持到最后关于"基督肉身不朽"的谕令，皇帝的政策确实留给人这样摇摆的印象。然而如果我们注意到皇帝的意图是要推行自己的宗教信仰，具体来说就是要把在他眼中不可动摇的迦克墩决议按照亚历山大的西里尔的理论来进行解释，并且同时要抵制一性论，那么他的宗教政策（除了最后关于"不朽论"的谕令）则呈现着非常强的一贯性。

之所以从 6 世纪 40 年代初开始他对这些问题的处理方式越来越主动和强硬，是因为——上文已经提到了这一解释——540~542 年间帝国受到了一系列打击，并向皇帝自身提出了一系列新的要求。正如他把执政初期的胜利解释为上帝的恩赐一样，如今的灾难也必须被看作上帝的惩罚。而皇帝必须从中吸取教训。

第十一章　退守中的东罗马

在征服了汪达尔人之后，查士丁尼在534年4月颁布的两项法令中（《查士丁尼法典》第1卷第27章）把征服的领土重新规划为由七个行省组成的非洲行政大区（*praefectura praetorio Africae*）。然而出乎皇帝意料的是，武装冲突并没有随着汪达尔政权的终结而停止。在贝利撒留于534年回到了国都之后，他的侍从所罗门（Solomon）接过了军队统帅（*magister militum*）和非洲大区行政长官（*prafectus praetorio Africae*）的职务，换句话说，他获得了极大的军事权力和民事权力。所罗门着力于清除汪达尔政权的残余势力、阿里乌教派和异教徒。与此同时，他也开始建造属于东罗马的行政机构和税收系统。这两项工作都在财产遭到没收的汪达尔人、阿里乌派的神职人员、异教徒、犹太人和尚未得到佣金的东罗马士兵之中引发了诸多不满。更糟糕的是柏柏尔族的摩尔人带来的威胁。汪达尔人本就没能成功地应对这种威胁，而柏柏尔人此时也控制了毛里塔尼亚 ① 的大部分地区，并一再到拜扎凯纳（Byzacena）和努米底亚（Numidia）进行抢掠。之后他们又迁徙到了这些行省以南的沙漠山区之中。所罗门在535年还是获得了两次对他们的重要胜利，并把他们赶出了拜扎凯纳。他那些更具有进攻性的计划却并未能成功实施，因为536年年初在罗马人的军队中发生了一次哗变，而大量的柏柏尔人、汪达尔人和奴隶都迅速地加入了骚乱。造反者的要求之一是，与汪达尔女人结了婚的罗马士兵应当有权获得原来属于汪达尔男人的地产。同时，阿里乌派的士

---

① 此处指的是古典时代的毛里塔尼亚（包括今天的摩洛哥和阿尔及利亚的一部分），不是现在的国家毛里塔尼亚。

兵也认为自己在罗马人的军队里受到了歧视。所罗门相当惊险地逃过了一次暗杀，并失去了对他的军队的控制。叛乱者拥立曾做过罗马将军马丁努斯（Martinos）贴身侍卫的斯托查斯（Stotzas）作为他们的领头人。从西西里来到北非的贝利撒留只能保证短暂的稳定，因为很快他又必须回到西西里岛上参与战事。查士丁尼此时派遣他的表弟日耳曼诺斯前往叛乱之地，而通过支付佣金、承诺优待和一系列的军事胜利，日耳曼诺斯终于成功地结束了叛乱。当皇帝于539年召回日耳曼诺斯之后，所罗门再度回到了北非。这次他的统治一直平稳地持续到了543年，而在这段时间内他也积极地巩固罗马人的统治。摩尔人被驱逐到了更遥远的地区，城市和边境要塞也都得到了修缮。但在此之后又发生了严重的柏柏尔人叛乱，一部分原因是所罗门的侄子塞尔吉欧（Sergio）制定的不甚明智的政策。情况很快就进一步恶化，而且斯托查斯再次冒了出来。所罗门在544年的一次战斗中阵亡，而东罗马的其他将领的无能——包括所罗门的继任者塞尔吉欧，查士丁尼在545

年派来的元老阿雷欧宾德斯（Areobindos）和雄心勃勃但城府很深的亚美尼亚人阿尔塔班尼（Artabanes）——使局势彻底陷入了混乱。直到约翰·特罗格利塔（Johannes Troglita）在 546 年年末接管非洲事务，这一地区才逐渐进入一个较长的稳定期。新的暴乱直到 563 年才出现，并且很快就被镇压了下去。特罗格利塔是查士丁尼麾下最有才能的将领之一。非洲的诗人格里普斯把他的功绩用拉丁文永恒地记录在了史诗《约翰》（Iohannis）之中。这部作品上承伟大的古典史诗传统，成了晚期古典文学的一座宏伟丰碑。

大量的暴乱和战争给非洲行省带来了灾难性的后果。虽然普罗柯比赞颂了特罗格利塔的成功，但他也抱怨道，战争已使这一地区失去了原来的居民（《战争史》第 8 卷第 17 章第 20~22 节）。格里普斯在他颂扬查士丁二世的诗歌中也仍然提到"悲惨的非洲人"（miseri Afri，见《赞美小查士丁》之"赞美阿纳斯塔修斯"第 37 行）。此外，查士丁尼这时因为"三章案"的问题和非洲的主教们闹得十分紧张。似乎直到 6 世纪末非洲才重获一定的富裕、繁荣。

然而更为沉重的负担还是来自和波斯人持续的对抗。科斯劳于 540 年发起的毁灭性攻击不过是一系列漫长而又极为艰苦的战斗的开端。541 年，波斯人就向位于黑海东部、受东罗马控制的拉齐卡王国发起了进攻，并占领了战略位置相当重要的黑海要塞佩特拉（Petra）。波斯人的铁骑是拉齐卡国王古巴泽斯（Gubazes）亲自找来的，因为他以为这样就可以摆脱罗马的压力。同时，贝利撒留在 541 年年初也来到了东部战场，并攻入了波斯境内。虽然他没能占领尼西比斯（Nisibis），但罗马人还是成功地攻下了西绍拉农要塞（Sisauranon）。但是军队中出现的违纪和疾病等情况使贝利撒留不得不撤退。到了 542 年年初，科斯劳又开始袭击罗马人。由于贝利撒留设下了一个巧妙的骗局，而且波斯人也害怕正在东罗马境内肆虐的鼠疫，科斯劳最终再次决定撤军。此时贝利撒留也被召回了君士坦丁堡，原因似乎是他在查士丁尼感染鼠疫时太过公开地讨论谁该成为皇帝的继承人（见上文第九章）。马丁努斯接替他领导东部的军队，并在 543 年举大军进攻亚美尼亚。可他却在安格龙（Anglon）遭遇了灾难性的打击。544 年科斯劳再次主动出击，但是他围攻埃德萨的计划也同样失败了。当约翰·特罗格利塔数度击败波斯人之后，科斯劳终于愿意重新与东罗马议和。545 年的和谈结果是订立一份为期五年的停战协定，但它不涉及拉齐卡地区的问题——科斯劳对此另有打算。无论如何，人们期待未来可以开启新的和谈来解决争端。尽管最终达成了协定，但查士丁尼为此需要支付 5000 磅黄金。然而鉴于帝国的主要军事力量都集中在了西部，而且鼠疫造成了大量损失，这已经是皇帝可以争取到的最好的协定了。

在拉齐卡的冲突一直持续不停。古巴泽斯不久之后就发现，相较于波斯军队，还是罗马驻军对自己的王国更为有利（波斯人似乎还有强迫拉齐卡人迁徙的计划），因此转而向查士丁尼求救。皇帝在 548 年派了一支军队增援拉齐卡人。经过长时间的围攻之后，他们夺回了佩特拉要塞，却在其他方面卷入了和波斯人互有胜负的拉锯战。

到了 551 年，双方把 545 年签订的协定又延长了五年，但拉齐卡的问题依然没有得到明确的规定。波斯人再次要求东罗马赔偿 2000 磅黄金，并且针对两次协定之间的一年半时间，他们还另外索要了 600 磅。现在人们可以日益清楚地看到，东罗马实际上需要向波斯纳贡，具体来说一年需要输送 400 磅黄金。

同时，拉齐卡战场的硝烟仍在弥漫。555 年，拉齐卡国王古巴泽斯因陷入了罗马将军设计的圈套而丧命（古巴泽斯之前曾向皇帝抱怨过这些将领的无能），拉齐卡人为此愤怒不已。一个皇帝委派的调查组判处鲁斯提库斯将军死刑，并褫夺了马丁努斯的军权。尽管如此，罗马人还是渐渐获得了一些胜利：他们于 556 年成功控制了拉齐卡的大部分地区。到了 557 年，他们甚至顺利地通过和约结束了战争，并且和约依据的是对罗马人有利的既定状况。不过人们期待已久的最终和约仍需要经历漫长的具体谈判，在罗马人的推动之下，它才终于在 561 年年底正式生效。

东罗马的使臣彼得·帕特里克通过谈判确

立了 50 年的和平期限，但罗马人每年需要交付 3 万金币——这比之前的每年 400 磅要更多。但除了这项沉重的财政负担，罗马人还是可以对和约内容感到满意：他们在拉齐卡的势力没有受到影响，波斯境内的基督徒也获得了宗教自由。尽管如此，这份新的和约还是没有办法跟原先的"永久和平"约定相比：原来罗马人一次性交付给波斯人的用于抵抗外部入侵者的共同防御工作的费用，现在变成了一年一度的纳贡。

东罗马便是如此从自己无法战胜的邻居手中用高昂的代价买来了和平。

552 年，查士丁尼接到了来自西哥特王位争夺者阿塔纳吉尔德（Athanagild）的求助信——他试图挑战国王阿吉拉一世（Agilas，549~555 年在位）。于是皇帝派出了一支军队开赴西班牙。对此，文献中常见的分析并不准确，因为这支军队的目的大概并不是重新征服伊比利亚半岛。查士丁尼自己也应该很清楚，他在 550 年已经没有足够的资源支持这样一项计划。而且让年过八十的外交官里贝留斯（Liberios）统领这支军队这一事实也充分证明这次出征的目的应该并不十分远大。可能他们的任务只是保证东罗马统治下的非洲地区不会受到西哥特人的进攻。早在547年，西哥特人就跨过了直布罗陀海峡，并攻击了塞卜泰城［Septem，今天属于西班牙的休达城（Ceuta）］——因此这样的威胁是确实存在的。罗马人成功地占领了几座城市以及它们的腹地（卡塔赫纳、马拉加以及科尔多瓦）。在阿塔纳吉尔德（他逝世于568年）登上了西哥特的王位之后，他就立即致力于赶走罗马人，并且的确夺回了一些领土。大约从625年开始，西班牙全境又重新成为哥特人的领地。东罗马的西班牙行省因此也只是昙花一现。

在这期间，东罗马与东哥特之间新燃起的战火使意大利遭受着日益严重的创伤。整个亚平宁半岛，也就是说包括意大利的南部，都陷于残酷的战争。城市遭遇了围攻、占领和可怕的抢掠，饥荒也在四处扩散。如果要讲述这场第二次哥特战争（541/542~552年）沉重而起伏不断的历史的话，恐怕得另写一本书才行。

多年来，交战双方谁都没有足够的力量让战事获得一次决定性的了结。在第一次哥特战争中（534~540 年），哥特人的损失过于严重，而查士丁尼派往意大利的军队人数又不足，更何况他们还处于许多虚荣好斗的将领的领导之下。

544 年，贝利撒留重回意大利战场，然而他对战事的领导依然停滞不前而且极其散漫。托提拉成功地和法兰克人达成了和约，这样他就不用担心在自己身后的意大利北部遭遇敌人发起的袭击。546 年年末，他重新夺回了罗马城，这场胜利具有重大的象征意义。尽管如此，查士丁尼仍然不愿意和哥特人展开和谈。同时，贝利撒留加强了罗马人的军事行动，以至于托提拉在短暂地考虑彻底毁灭罗马之后，最终在547 年不得不弃城而走。这是他在哥特人中的威望第一次受到损伤。此时，双方都开始大力动员下层的农民和奴隶，这也——大概是不正确地——赋予了托提拉奴隶解放者和社会革命者的声誉。事实上，这些努力只是为了补充日益减少的兵力储备。

贝利撒留没能说服皇帝派遣更多的支援力量。548年，他派自己的妻子安东尼娜前往君士坦丁堡，希望能通过她的密友狄奥多拉获得一些支持。然而当安东尼娜到达国都的时候，皇后已经去世了。安东尼娜大概说服了查士丁尼召回这次征战不顺的贝利撒留。对这位将军来说，哥特战争就这样在549年结束了。曾经敬仰他的普罗柯比对544~549年间缺乏决断力的贝利撒留显得极为失望。曾经叱咤风云的将军如今在君士坦丁堡离职卸甲，过起了普通人的生活。

550年年初，托提拉再次成功地占领了罗马。他开始宣扬由哥特人和罗马人共同分享罗马城，并向东罗马提出和谈建议。可是查士丁尼依旧固执己见。他现在任命对自己忠贞不二的表弟日耳曼诺斯为意大利军队的统帅。在536年的非洲兵变事件中已经为皇帝立过大功的日耳曼诺斯主张让被征服的哥特人更长期地融入东罗马帝国。在这方面最具有象征意义的就是他和哥特公主玛塔松塔——狄奥多里克的外孙女——的联姻。

他从查士丁尼手中接过了全新的军队，并开始向意大利进发，但在途中不幸病故。

查士丁尼此时打出了手中的最后一张牌：他派遣宫廷总管纳尔西斯出任军队统帅。这位来自波斯亚美尼亚的宦官在尼卡起义时曾解救皇帝于危难，也曾经在受命加入第一次哥特战争之后和贝利撒留起过严重的争执（见上文第七章）。纳尔西斯是狄奥多拉的亲信，他十分虔诚，也建立过修道院。然而人们却指责他有一性论的倾向：在亚历山大牧首弟茂德四世去世之后，他曾经支持过——这当然是奉皇后之命——继任的一性论牧首狄奥多西。虽然他没有受过任何传统的教育，但纳尔西斯是一位聪明的战略家和组织者，这也让他获取了大量财富。

纳尔西斯的战争计划非常简单，但相当有效：帝国的军队应当从北向南"席卷"整个亚平宁半岛。皇帝这次向他提供了充足的军队，因此为这一战略的实施提供了条件。尽管哥特人不断地采取骚扰行动，但纳尔西斯向南的推进过程显得不可阻挡。552年6月6日，拉文纳被罗马人攻破。数日之后，纳尔西斯又带兵直奔罗马。托提拉也出城与纳尔西斯正面厮杀。在被称为"高卢冢"（*Busta Gallorum*）的高地上，两军最终准备开始决定性的一战。为了给援军的到来赢得更多时间，托提拉在战场上进行了一场怪诞的骑术表演。最后哥特人的骑兵发起了进攻，但被罗马人的箭雨挡了回来。在撤退的过程中哥特人阵脚大乱，而罗马人则大开杀戒，只有少数哥特人逃出了罗马人的围追，其中就有身负重伤的托提拉。几个小时之后他伤重而亡，并被他的随从们葬在了卡普雷［Caprae，今天的卡普拉拉（Caprara）］。即便是普罗柯比也对他表示了真诚的敬意。他写道："他所遭遇的死亡却是配不上他过去的成就的……而且他的去世和他的事业是不相称的。"（《战争史》第 8 卷第 32 章第 28 节 ①）

哥特人现在拥立德亚（Teia）为新的国王，在纳尔西斯推进的过程中他负责率军守卫维罗纳。德亚试图和法兰克人结成联盟，并处死了

---

① 此处译文引自普洛科皮乌斯（普罗柯比）《战争史》，王以铸、崔妙因译，北京：商务印书馆，2010，第913页。

托提拉劫为人质的 300 名罗马儿童。一些罗马元老也被杀害。522 年 10 月，在靠近萨莱诺的拉克塔留斯山（Mons Lactarius）上，哥特人遭遇了纳尔西斯的军队。德亚在换盾牌的时候被杀，但哥特人仍然战斗到了最后一刻。纳尔西斯准许近千名哥特人离开意大利，其余的哥特人则向罗马人投降。

554 年，查士丁尼颁布了一道帝国法令（*Constitutio Pragmatica*），以便重新规划意大利。纳尔西斯先是留在了亚平宁半岛。他着手建设东罗马的行政机构，于 553 年击败了入侵的法兰克人和阿勒曼尼人，而且到 562 年为止清除了在北意大利哥特最后的抵抗基地（维罗纳和布雷西亚）。意大利重新成为罗马帝国的一部分，但这片土地以及帝国本身都为此付出了高昂的代价。

当查士丁尼把他的军队集中用在波斯和意大利的战场时，帝国的其他地区大多处于基本没有保护的状态。尤其是位于巴尔干地区的帝国北翼，那里变成了一个持续出现动乱的区域。色雷斯、伊利里亚和希腊是最常遭受攻击的地区。根据普罗柯比的记载，这些地方甚至每年都会遭到外族入侵（但这肯定是夸张的描述）。而且这些侵略者通常都是一些为了抢劫而聚集起来的大小不一的队伍；他们的族裔也不能得到清楚的确认。史料当中提到的包括斯拉夫人、日耳曼人、保加利亚人和匈人。但是这些团体中的大多数都是围绕着一个精明能干的领导逐渐聚集起来的，其成员的来历也往往是非常复杂的。6世纪40年代时似乎发生了特别严重的侵略（见上文第九章）。最终在559年，当保加利亚的库提古人一路烧杀抢掠，攻进了默西亚（Moesien）和色雷斯，并且开始分部前进的时候，情势也开始变得对君士坦丁堡充满威胁。一部分入侵者一直深入希腊的腹地，直至温泉关才被阻挡下来。另一股入侵者一直攻打到了"长城"脚下并试图向君士坦丁堡挺进。这时的国都基本上是没有设防的。在这紧要关头，皇帝最后一次请年迈的贝利撒留出战，而这位将军再次证明他的战术和战略仍然如旧日一样出色。带着少数紧急征召来的士兵，他成功地击退了敌人，保住了国都。

在他统治的末期，查士丁尼如果发现自己没有办法让外邦人的军队相互争斗的话，也会试图在一切可能的时候用金钱向保加利亚人和斯拉夫人换取和平。同时，他也试图用一条边境要塞构成的纽带来保护帝国。但仅凭帝国自身的力量，他已经无法积极地保卫北部的边界了。

对于君士坦丁堡的居民来说，库提古人于559年的入侵只不过是一系列恐怖和灾难事件中的一个高峰。大地震在557年已经给国都带来了巨大的损失；圣索菲亚大教堂的穹顶不幸坍塌，但在562年被重新修好。558年鼠疫再度侵袭君士坦丁堡。当地的人民已经筋疲力尽且又胆战心惊。自称为先知的人在四处游荡，并且宣告着世界末日的来临。富裕的市民抛弃了世俗的一切并脱离社会成为苦行者。到处充斥着惊慌和恐惧的情绪。就算是在帝国的其他地区，坏消息也依然接连不断。地震、鼠疫、饥荒、海啸、洪水以及日食、月食和彗星的出现都让帝国的臣民大为不安。536/537年的一次火山爆发或者陨石坠落导致太阳被遮蔽长达数月，并对气候和农事都造成了相应的影响。551年发生的多次地震摧毁了希腊中部的多个地区以及地中海东部沿岸。在同一年里，一次海啸让科斯岛成了一片汪洋。然而不管人们有多么恐惧和多么期待，世界末日始终没有到来。而皇帝则日益成为批评的中心。

第十二章 退守中的皇帝

查士丁尼是一切灾难的原因吗？皇帝是否过分激烈地推行了他那有时难以归类的神学理念，以至于现在上帝决定惩罚他了？他是否已不再虔诚，因此也就失去了他统治的正当性基础？人们是否要像普罗柯比在《秘史》中所写的那样，把皇帝视为反基督，亦即把他视为众魔之王呢？

无论如何，可以确定的是，从6世纪40年代开始，皇帝就受到越来越严厉的批评。而且这些批评并不仅仅来自被皇帝边缘化的传统帝国精英的阵营。这不仅在难以解读的《秘史》中可以看到，而且也体现在普罗柯比的其他一系列言论中，同时我们还可以从其他毫无偏见的作者如以弗所的约翰、约翰·马拉拉斯和罗曼诺斯·梅洛多斯的作品中读到这一点。国都的气氛恶化得尤其厉害。皇帝能量的日渐消退也是越来越明显。他的改革和立法工作——这点我们已经提过——在542年之后就大幅减少，而对外政策的形势也是日渐紧张。同样糟糕的是，查士丁尼失去了一系列能干的支持者，并且也不能很好地弥补这个人事方面的损失。皇帝再也没能找到新人来很好地取代像卡帕多契亚人约翰（541年被撤职），特里波尼安（542年去世），建造索菲亚大教堂的特拉勒斯人安提莫斯（558年去世），军队统帅蒙多斯（536年战死）、西塔斯（538/539年战死）、所罗门（544年战死）以及一再遭到雪藏的贝利撒留这样的人。皇帝已经失去了他在处理人事问题时的妙手。

逐渐加深的不满最终在君士坦丁堡转变为阴谋和叛乱。549年，两名亚美尼亚人——阿尔萨克斯（Arsakes）和前面已经提到的投机者阿尔塔班尼（见上文第十一章）密谋行刺皇帝。

他们的动机完全是出自个人的，因此作为典型的在查士丁尼的统治下被提拔起来的新精英，他们也不能在传统的由元老构成的上层社会中找到任何支持。他们的谋杀计划最终被发现了，但查士丁尼并没有通过严惩以儆效尤。相反，阿尔塔班尼甚至在不久之后还获得了很大的军事领导权。

准备更加充分，因此也更加危险的一次阴谋发生在562年。这次有重要的元老参与其中。在被发现之后，这引发了大量的告密行为；其中也有人提到了贝利撒留。这次查士丁尼把他的怒火烧向了这位忠诚的且很有可能是错误地遭到了指责的将军。贝利撒留失去了他的贴身侍卫，并且被软禁在家中。直到563年他才被正式平反，而真正策划袭击的人在仕途上却没有受到什么影响。查士丁尼此时已经不再能针对有影响力的元老采取强硬措施了吗？

国都的居民从547年起就不断表达他们日益增长的不满。自尼卡起义发生以来，15年已经悄然过去。人们对于当时那场设计好的血案的记忆也在慢慢淡去，至少其恐吓的效果已经不复存在。从现在起直至皇帝去世，君士坦丁堡中就不断发生暴乱和起义。而编年史家们也暗示，政府的反应越来越表现了它的无能为力。6世纪30年代查士丁尼所采取的毫无顾忌的强权政治如今已经荡然无存了。

当一个社会在经受困苦和压迫的时候，把相应的原因归结到统治者的头上并不是什么特别的现象。相反，最为重要的问题应该是：统治者怎样才可以在这种情况下从批评中解脱出来，并且回应对于他自身的批评？查士丁尼为此采用了多种策略。首先，他试图疏导针对他自己的攻击，并把它们引到少部分人身上。比如在第77号敕令中（它大概是在542年到550/551年之间颁布的），皇帝就把当下灾难的缘由归结为一部分人目无上帝的行为。他们的行为引发了饥荒、地震和鼠疫，从而让无数无辜的人也陷入了苦难。这道敕令指向的是同性恋者和不敬上帝的人。同样，明确提到了557~559年发生的地震、鼠疫和战祸的第141号敕令（于559年颁布）瞄准的也是同性恋者。

信奉古老宗教的人同样受到了严酷的对待：

545/546 年和 562 年发生的大规模的迫害异教徒的活动显然是为了把积累起来的怨气有目的地转移到这些异教少数派头上。最明确地支持这种解释的理由是，这些迫害活动具有极强的公开性。这在焚毁书籍、画像和游街示众一类的措施中体现得尤为明显。在 528/529 年发生的迫害活动中，人们似乎并没有使用这种严厉的、有着强大公众影响力的措施，那次迫害的真正原因大概是基督教传教的思想和政治上清洗的需要。不论如何，在文献中看不到任何关于这次迫害的宣传措施的记载。

为了获得广泛的影响，皇帝在小亚细亚地区大张旗鼓地开展传教活动。这次运动的规模让查士丁尼的其他更为常规的传教活动相形见绌。自君士坦丁大帝以来，基督教皇帝就把对异教徒传教当成了自己的一项重要任务。因为查士丁尼对自己来自上帝的使命有着特别的认识，他也就特别积极地开展这项活动。而且通过传教活动，许多邻国都能和东罗马结成联盟，就像在政治军事和经济利益方面的联合一样。早在 522 年，拉齐卡国王察斯（Tzath）就在君士坦丁堡接受了洗礼；528 年，匈人格罗德（Grod）跟随其后，赫鲁利人格雷佩斯（Grepes）同样皈依了基督教。在查士丁尼的统治下，居住在高加索地区的扎尼人（6 世纪 30 年代）和阿布哈兹人（6 世纪 40 年代）都信奉了基督教。位于北非［比如奥吉拉（Augila）］和埃及［菲莱（Philae）］的异教徒中心也被全部清除。具有重要意义的是生活在埃及南部的努比亚族群在 6 世纪 40 年代初的皈依。在这个群体中，狄奥多拉支持的一性论传教者在一定程度上成功地和皇帝派遣的"正教"教士展开了竞争。要想知道东罗马在宗教问题上的影响范围到底有多大，人们可以回想一下查士丁一世在 524~525 年间是如何支持信奉基督教（一性论）的阿克苏姆人（他们居住在今天属于埃塞俄比亚的地区），如何反抗血腥屠杀了基督徒的霍姆利特人（在今天的也门）的。在东罗马的援助行动取得胜利之后，霍姆利特人就在亚历山大牧首的影响下皈依了基督教一性论派。

在 6 世纪的时候，"传教"不应被仅仅理解为让异教徒改信基督教；更多时候这也指让信仰一性论的基督徒改信迦克墩教理。皇帝和皇后之间的宗教分歧自然而然地导致了两个教派都在进行自己的传教活动，而且查士丁尼严厉的宗教政策最终也使得在帝国的东南地区出现了独立的一性论教会。为此，泰拉（君士坦提那城）的约翰（Johannes von Tella，逝世于538年）早就开展了大量传教活动。阿拉伯王公哈里斯于541/542年向狄奥多拉请求派遣一些一性论的传教士，并最终得偿所愿。此后，在遭到流放的亚历山大牧首狄奥多西（逝世于566年）的支持下，以雅各布·巴拉戴欧斯（他的名字直至今天仍然和叙利亚的一性论教会——"雅各布教会"联系在一起）和阿拉伯的狄奥多罗斯为代表的一性论者在各地不知疲倦地行走，并且培养新的一性论神职人员。

如上文提到过的，6世纪的种种传教活动中规模最大的当数以弗所的约翰在小亚细亚（因此也是在罗马帝国内部）的工作。此时查士丁尼迫于鼠疫的灾情，不得不特别表现自己热衷于传教事业，并试图以此驳斥那些指责他不再虔诚因而受到上帝的重罚——其中包括他自己感染了鼠疫——之类的批评。

他特别在鼠疫肆虐的 542 年把大量资产给了我们已多次提到的以弗所的约翰,并让他到小亚细亚开展传教活动。后来发起了 545~546年间的迫害活动的约翰因此也清楚地认识到鼠疫和向异教徒传教两件事之间的联系。他超额完成了任务,并在之后宣扬自己成功地让 7 万人皈依,建立了大概 100 座教堂和 12 个修道院。由于在鼠疫期间人们需要看到迅速而壮观的功绩,查士丁尼对约翰信奉的是一性论这个情况也就睁一只眼,闭一只眼了。

6 世纪的各种自然灾害和战争灾难让东罗马的宗教活动发生了重大改变,这也是从东罗马转向拜占庭的历史过程的一个重要标志。由于对末世的期待——尤其是 500 年时(见上文第三章)——并没有实现,基督教的纪年法不可避免地崩塌了。这导致人们普遍地对事件编年表现了极大的质疑:查士丁尼在 537 年也认为不得不通过立法来解决这一问题(第 47 号敕令),修道士狄奥尼修斯·依希格斯则引入了以基督出生年份为基准的(但起初传播并不广泛的)

纪年法。但引起改变的原因不仅仅在于此，更重要的是，一种受到不可控制的力量和不明因素支配，得不到任何保护的感受越发强烈，而且人们也越来越清楚地看到，深居君士坦丁堡宫中并且只关注他感兴趣的神学问题的皇帝已经日渐无力保护罗马人。540年安条克被攻陷所带来的创伤深重而久远。因此，越来越多的人转而寻求新的、多数情况下是由神明给予的保佑。外敌对缺少防御的罗马城镇的进攻所带来的可怕经历似乎确实推动了拜占庭崇拜圣像这一传统的发展。过去把城市看作一个统一的宗教共同体的异教想象再次兴起，只是现在它穿上了基督教的外衣。6世纪末，教会历史学家埃瓦格留斯便写道：波斯人于544年围攻埃德萨的行动之所以失败，是因为埃德萨的居民手中有一幅能行奇迹的基督圣像（《教会史》第4卷第27章）。大概从6世纪中期开始，帝国的其他地方同样出现了守护整座城市的能行奇迹的圣像（所谓的 *Acheiropoíeta*，即不是由人类创造的画像）、圣骸和圣十字架的残部。

与此同时，对圣母的崇拜也变得日益重要，

尤其是在君士坦丁堡。国都人民本来从5世纪开始就特别重视马利亚，而且许多马利亚的遗物（如衣服、腰带）早早就被带到了君士坦丁堡。特别是541~542年间的鼠疫，它似乎迅速地加深了人们对马利亚的虔敬程度——中世纪发生的黑死病也有同样的效果。以弗所的约翰记载道，在鼠疫期间，君士坦丁堡的居民都把马利亚当作了他们的守护神，从而专门向她求救。如果查士丁尼不想任由人们批评他不再虔诚的话，他就不得不对人们的这些变化作出回应。一系列的见证都表明了皇帝正在逐渐增加这方面的举措。比如在他写于6世纪50年代初期的歌颂查士丁尼的作品《建筑》中，普罗柯比就明确地说道，崇敬圣母对于皇帝来说是一件非常重要的事情（《建筑》第1卷第3章第1节），并在书中列举了皇帝下令建造的最为重要的马利亚教堂。在这一方面同样值得注意的是查士丁尼开展的所谓"献主节改革"：542年，也就是鼠疫肆虐的这一年，皇帝把这个节日（"献主节"，即纪念马利亚洁净期满，将婴儿耶稣带往圣殿献给上帝）从2月14日改到2

月 2 日，从而严格地遵守了圣诞节（它在许久之前就从 1 月 6 日被改为了 12 月 25 日）和献主节之间相隔 40 天的规定。同时，他把这一原来属于基督的节日庆典改为一个马利亚的节日，并设置了与之相应的忏悔游行活动。如此一来，皇帝就清楚地向众人展示了他自己对马利亚的虔诚信仰，从而和同样崇敬马利亚的人民——尤其是君士坦丁堡的人民——站到了一起。一份 12 世纪末或者 13 世纪初记录马利亚神迹的文书，就把君士坦丁堡内鼠疫的消失归因于查士丁尼的献主节改革所引入的庆典活动：马利亚游行。至于君士坦丁堡的人们确确实实相信是在圣母的帮助下才战胜了鼠疫这一点，我们可以通过之后发生的一件事情来证实：当 590 年罗马发生鼠疫的时候，时任教宗额我略一世（590~604 年在位）就照搬了这一游行仪式，并且被认为是再度获得了成功。

同样，把"圣母领报"（*Euangelismos*，3 月 25 日）确立为一个有着盛大庆典的节日也是查士丁尼时期（大概是在 530~550 年）的事情。继任的皇帝们都继承了这个尊崇马利亚的传统。

图 8　在圣狄奥多尔和圣乔治之间的圣母端坐于王位之上，
这幅圣像完成于 6 世纪下半叶

君士坦丁堡也就变成了"圣母之城"。

查士丁尼的另一条消解对他的批评的策略可以用一个关键短语来概括，即"将皇帝神圣化"。这一发展对于研究从东罗马到拜占庭的转变也是十分重要的，因为它至少意味着古典时代晚期的基督教皇权最终被拜占庭装点得更为神圣的皇权所取代。查士丁尼时代晚期的图像和文字资料（大概在540年前后）都表明，查士丁尼逐渐让人把自己的形象描绘得如同基督一样。比如在一件540年制成的执政官双联画（在宣布执政官正式上任时使用的一件象牙板饰品）中，皇帝就和基督处在完全相同的高度上，这在许多情形中都会暗示人们皇帝和基督的肖像是完全可以互换的。

诗人保罗·西伦提阿里乌斯在他562年写就的《对圣索菲亚大教堂的描述》中描绘了一位远离世俗世界的皇帝，他"像上帝一样"从高处俯视着罪人们（第47行）。皇帝在这里已经成了一位超验的神明了。

同时，查士丁尼也逐渐把自己的角色定位为一位圣洁的人，一位与上帝时刻保持紧密联系的苦行者，一位拥有上帝赐予的治愈病痛和施行奇迹的力量的人。这在普罗柯比《建筑》一书中便可看到（第1卷第7章）。这一描写并不是俗套的赞颂词，因为普罗柯比在他的另一

图 9　查士丁尼的执政官双联画（540 年）
说明：中间雕刻的是执政官。在篆刻的文字下方是查士丁尼和狄奥多拉的小幅肖像，以及在它们中间的——位于同一高度上的！——基督肖像。

部攻击皇帝的作品《秘史》中同样提到了皇帝苦行僧似的生活方式。只不过在《秘史》中这一特点被完全解读成了另一种意义：它是皇帝魔鬼本质的一个标志（《秘史》第 13 章第 28~30 节）。我们只要看一眼格里普斯在 566 年——也就是在查士丁尼死后不久——写下的赞美查士丁二世的诗作，就可以发现皇帝的神圣性此时已经到达了怎样的程度。现在，皇帝似乎已经成了像上帝一样的圣人，是基督在人间的形象（*imago Christi*）。古典时代晚期关于基督教皇帝的理想，即基督的仿效者（*imitatio Christi*），如今已经变成了可以与基督等位互换的皇帝。如果我们把格里普斯对查士丁二世登基的记录和他对查士丁一世及查士丁尼即位的记录（分别在 518 年和 527 年）进行对比的话，我们就可以清晰地看到变化有多么巨大。现在的皇帝不仅通过宗教概念来获得他的正当性，而且更是借这些概念来对自身作出完整的定义。

第十三章　查士丁尼统治晚期的君士坦丁堡

在查士丁尼的统治时期持续出现的自然灾害和战乱留下了诸多苦果。尽管灾难不断，广泛弥漫在人群中的末世期待却并没有实现。一个不可抗拒的想法也开始侵袭生活在当时的一部分人：历史似乎已经失去了它的目的。该怎么处理人间世界的 6000 年时限呢？如果灾难并不预示着世界末日的来临，它们又该获得怎样的解释？人们似乎把此世的生活理解为一种日益混乱的状态，而东罗马的社会也开始理性地寻找一种能够帮助人们建立新的稳定性的社会结构。虽然四处扩散的不确定性也触及了基督教本身——尤其是它关于时间和末世的论断，但它依然为人们找到通向新秩序的路途提供了指南。这一转向的过程肇始于查士丁尼统治的晚期（即6世纪中叶），并且有着极为复杂的特征。圣像崇拜的兴起、马利亚地位的提高和皇帝的神圣化是我们认识和描述这一过程的几个不同视角。总的来说可以确定的是，我们从这一时期的几乎所有资料中都可以清晰地看到，基督的象征系统变得日渐重要。这一象征体系充分反映在产生于6世纪中叶且一直流传至今的交流和表达方式中，并深刻地塑造着其发展，而且这种影响的深刻程度远远超过此前的基督教象征体系所产生的惯常影响。这一时期的皇帝礼仪已经大量运用基督教中象征神圣的元素，而竞技场党派也成了礼仪的一部分，他们甚至会有固定的职能。在文学方面，模仿古典文风的作品——比如普罗柯比的《战争史》，因为它严格遵循希罗多德和修昔底德的伟大历史著作的传统——逐渐让位给日益受宗教观念主导的著作。然而这也只是东罗马社会开始普遍脱离古罗马以及古典传统的一个缩影：从542年开始，人们在查士丁尼的法令中就再也看不到充

满详细的历史分析，并且把伟大的过去视作新
规定的正当基础的序言了。就连在古典时代晚
期已经失去了政治意义、仅仅作为古罗马政治
体制的象征而继续存在的执政官一职，也在鼠
疫横行的542年被查士丁尼彻底取消了。在视

图10 查士丁尼骑马像（543/544年）

说明：这是文艺复兴时期关于这座没能被保留下来的皇帝雕像的一幅画作。

觉艺术和建筑方面，查士丁尼统治初期所特有的结合古典和基督教表现形式的艺术风格也逐渐消失了，取而代之的是宗教意味浓厚、指向超验世界的象征体系。虔诚的游行在日后变得更加常见：全城几乎所有的居民都会参加进来，并从中感受到自己所在的群体是一个命运共同体。上帝和他所创造的秩序也变成了人们行为的唯一标准。

正如上文已经提过的，这种被研究人员称为"宗教仪式化"（Liturgisierung）的发展是一个十分复杂的社会融合过程，它会带来新的内部稳定和统一。尽管我们的史料基本出自当时君士坦丁堡的上层社会，但我们可以相信，这一过程应当也影响到了下层社会和帝国的其他地区。可能它的重点和表现形式会有所不同，但无论如何，我们十分确定的一点是，查士丁尼统治后期，帝国呈现了与 6 世纪 20 年代至 30 年代完全不同的面貌。

这一变化之大，可以通过 534 年战胜汪达尔人之后的凯旋庆典（见上文第七章）和查士丁尼在 559 年进入君士坦丁堡的庄严仪式

（*adventus*）的对比清晰地体现出来。如果说534年庆典所模仿的是古罗马的凯旋游行的话，那么559年迎接皇帝的仪式——此前皇帝去视察了修缮"长城"的工作——则完全变成了一次基督教的宗教仪式。虔诚的皇帝从城西北的金门进入城市，并骑行至皇宫。游行实际的高潮则是在使徒教堂前的停留：皇帝在狄奥多拉的墓前祈祷，并点燃了纪念皇后的蜡烛。这与古罗马的凯旋游行已经基本没有什么联系了。

第十四章　驾崩与展望

565 年 11 月 14 日夜，查士丁尼于皇宫中寿终正寝。此时的他大约已走过了人生的第 83 个春秋，并且作为罗马帝国的唯一统治者也已经在位 38 年了。他没有确定自己的继承人，但真正的候选人总归也只有两位：一位是精明能干的将领查士丁，作为日耳曼诺斯（查士丁一世的侄子）的儿子，他是皇室的成员；另一位也叫查士丁，他是查士丁尼的外甥、皇帝的妹妹维吉兰塔（Vigilantia）的儿子。由于后者担任宫廷管家（*cura palatii*）之职，他显然更能接触到皇帝身边最为亲密的人。此外他还和狄奥多拉的外甥女索菲娅结了婚，因此他在竞争当中更胜一筹。尤其是他和查士丁尼的最后一位皇宫总管卡利尼科斯（Kallinikos）的关系确保他得到了皇位。在查士丁尼弥留之际，卡利尼科斯是唯一留在他身边的人，并在之后对外宣称，皇帝选了他的外甥作为自己的继承人。在查士丁尼逝世当晚，卡利尼科斯还联合了一些元老把消息告知了查士丁，并将他接到了宫中；皇宫卫队（Exkubitoren）在后来同样成了皇帝的提贝里乌斯（Tiberios）的领导下用武力保证了宫中的秩序。当查士丁尼的死讯在君士坦丁堡悄悄传开之后，查士丁就在宫中让牧首约翰三世（逝世于 577 年）迅速地为自己加冕。然后他才来到了竞技场，那里已经聚集了庞大的人群，准备向新的皇帝欢呼致敬。于是权力十分平稳地完成了交接。不过为了安全起见，日耳曼诺斯的儿子查士丁在不久之后还是遭到了清除。

查士丁尼被安葬在了使徒教堂之中。格里普斯描述了索菲娅命人为查士丁尼制作的裹尸布：其上有被打败的外邦人、被杀死的国王、被征服的民族以及化为人形的罗马城；在群像的中央是查士丁尼自己，他的脚踏在盖里莫尔的颈项上。就这样，人们最后一次庆祝了皇帝早年取得的赫赫战功。

查士丁尼身后给拜占庭留下的影响呈现着两面性。一方面，人们似乎很快就忘记了关于他的大部分事情。在 10 世纪完成的拜占庭文化辞典《苏达辞书》（Suda）中，人们在"查士丁尼"词条之下只能读到皇帝建造了圣索菲亚大教堂、清理并用镶嵌画装饰了奥古斯都广场和在一根柱子上放置了他的骑马雕像这些信息。但另一方面，每年的 11 月 14 日都是查士丁尼的纪念日，甚至还有线索表明有把他当作圣人来祭拜的活动。不管怎样，历史学家尼基塔斯·霍尼亚提斯（Niketas Choniates，逝世于 1215/1216 年）就记载道，1204 年东征的十字军在抢掠拜占庭皇帝陵墓中的财宝时也打开了查士丁尼的墓穴，而皇帝的遗体依旧完好无损。人们可以把这一点作为圣人崇拜的依据。但无论如何，对查士丁尼的崇拜远不如对君士坦丁大帝的崇拜那样明显。

查士丁二世（565~578 年在位）接过的是一份颇有些棘手的遗产。在他登基之后不久，他就在其法令的序言部分清楚地表达了自己对查士丁尼开支巨大的外交政策及其忽视军队的做法的不满（第148号敕令）。其他作者如格里普斯、历史学家阿加西阿斯和"侍卫"米南德（Menander Protektor）也抱怨道，年迈的皇帝缺少必要的活力，只是用高价买来他需要的和平，并且不再关心军队的情况。当然，这些评价都必须被更为审慎地解读，因为在变更君主之后，主流的观点通常会彻底改变对死去的君主的态度。然而在查士丁尼的具体例子中，这些抱怨似乎并非毫无道理，因为它们与查士丁尼统治末期的紧张气氛完全相符。

查士丁首先积极地尝试再次改变帝国的航向：他在一性论问题上提出了新的解决方案，但它们并没能获得成功，最后甚至演变成了严重的迫害运动。在外交事务方面，他仅仅希望守住目前的疆土，并致力于减轻国家的财政负担。比如付给阿瓦尔人和其他邻国的维持和平的资金就被取消了。当查士丁在572年同样拒绝向波斯纳贡之后，这却带来了灾难性的后果。因为帝国又陷入了一场新的、代价沉重的战争。

为了打赢这场战争，皇帝不得不像他的前任一样，让帝国北部的疆域基本处于没有防御的状态，以至于让阿瓦尔人成功地发展为一股足以构成威胁的军事力量，并且把伦巴底人赶往了西方。后者于568年在阿尔博因（Alboin）的领导下闯入了意大利，并且摧毁了当地除几小块领地之外的所有东罗马势力。当波斯人在573年占领了边境要塞达拉之后，查士丁明显地表现出了精神疾病的症状。在他最后几个神志清醒的时刻中，他于571年任命了提贝里乌斯（逝世于582年）为共治皇帝，这实际上也等于宣布了自己退位。在查士丁为此所做的发言中，他为他的罪孽悔过，并承认是因为自己的过错而失去了上帝的恩宠。他对自己的继任者提出了忠告，希望他能更好地根据上帝的旨意来规划自己的统治。

从很多方面来看，查士丁尼都被视为最后一位"罗马"皇帝，一位在古典时代晚期到拜占庭中世纪的过渡期中最后一次把古罗马帝国的所有气力聚集起来，并在基督教背景下用这一力量来维护罗马遗产的杰出人物。他的功绩包括在非洲、意大利以及短暂地在伊比利亚半岛上展开的夺回领土的战争；还有他下大力气完成的建筑事业——像圣索菲亚大教堂和西奈的卡特琳娜修道院这样的工程直到今天都让人赞叹不已；最后还有他对罗马法的编纂。与他同时代的人以及稍晚些的拜占庭人对此却抱有不同的看法：在他们眼中，西方的战争如果说有什么作用的话，也只是给帝国的财政带来了巨大的负担，而法典的编纂只是一件专家们关心的事情。真正需要解决的问题对于他们来说就在家门口，但从很多方面来看都没能得到解决。而现代的研究则在很长时间内都把普罗柯比的《战争史》当成研究查士丁尼时代最为重要的史料，却没有注意到普罗柯比作为秉承古典传统的精英历史学家实际上在 6 世纪并不具有代表性。其他史学家如约翰·马拉拉斯、埃瓦格留斯或者以弗所的约翰在他们的历史作品中就有着很不一样的视角。如果人们去研究他们的作品，那么所谓的"查士丁尼时代"就会失去很大一部分光彩。

那么查士丁尼是否在他的对外战争中过度

消耗了东罗马帝国的气力呢？不管怎样，大部分的研究都是这样责备皇帝，并且用帝国在查士丁尼死后不久就很快地失去了征服所得的领土这一事实作为自己的论据。查士丁尼大部分的对外胜利——不管它们在开始时有多么震撼——确实都并不长久。但这真的是查士丁尼对全局的重大误判所导致的吗？这里我们必须记得，人们常常提起的重建罗马帝国的思想是在6世纪30年代初，也就是受在多瑙河岸和非洲获得的出人意料的军事胜利的影响才慢慢形成的。面对汪达尔人意外取得的轻松胜利难道不应该催生新的军事计划吗？此外，对查士丁尼对外政策的评价也不能简单地忽视在他统治期间发生的各种严重灾害所带来的影响。具体来说，一场如541~542年发生的鼠疫那样的疫病会导致帝国许多地方的人民丧生，进而摧毁帝国的重要资源。但这些因素是完全无法预见的，因而我们也很难就此责备查士丁尼。同样，对皇帝为了西方战线而忽视了防御东部边界的批评也并不完全成立，因为实际情况其实更加错综复杂：在540年之后，查士丁尼花了大量精力和资源来和波斯人作战，尤其是在拉齐卡地区。然而在此之前，他确实高估了532年订立的"永久和平"的可靠程度，从而使得波斯人在540年成功地发动了一场灾难性的入侵。最后，皇帝为保护帝国在巴尔干地区的北部边界所付出的努力确实是太少了。如果说在6世纪30年代初，像蒙多斯（卒于536年）和希尔布迪欧斯（Chilbudios，卒于533年）这样的杰出将领尚能维持边境的安宁的话，后来查士丁尼就再也没能找到足够的办法来抵御持续不断的入侵了。

查士丁尼宗教政策的特点是始终尝试把皇帝自己的宗教偏好推广为帝国全境之内的统一信仰。而正是由于这一点，他的宗教政策最终也失败了。尽管在罗马帝国内外——尤其是在外部——都出现了许多成功传教的情况，但皇帝夫妇终究未能阻止一个独立的一性论教会的出现，因此这也加剧了帝国一部分臣民心中可怕的分裂欲望。然而在宗教领域，查士丁尼统治的时期也是一个重要的转型期：圣像崇拜的发展、圣母地位的日益提高和皇帝的神圣化都已经预示了拜占庭时期宗教活动的走向。

对帝国的结构产生了重要影响的，首先是世俗世界以外的城市守护神的增多（圣像、圣骸）以及圣母成为君士坦丁堡的特别守护神这两个转变。如果说罗马帝国在过去是以一张密集的作为中间机构的自治城市的网络为基础，且正是在这个意义上罗马城渐渐失去了其特殊地位的话，那么在查士丁尼时期出现了一个逆向的运动：当各个城市变得日渐孤立并且要自己承担防御责任的时候，君士坦丁堡却在发展成帝国唯一的中心；帝国的存亡在日后甚至会完全取决于君士坦丁堡的命运。随着君士坦丁堡逐渐变成帝国的中心，许多地方和中心的联系却不复存在。这一变化带来的影响同样深远，它意味着帝国在西方取得的短暂军事胜利只是徒劳，而东方和西方终将彻底分离——因为西方再也不会听从君士坦丁堡发出的号令了。

这样看来，人们常说的"查士丁尼时代"并不像许多人一开始想象的那么统一有序。虽然这位皇帝非比寻常的统治时长把这个时期串连在了一起，但这更多只是一种外在的联系。它掩盖了许多深刻的演变过程，而这些过程是在540年之后发生的各种严重灾难的影响下才彻底完成的,并且它们把查士丁尼的统治清楚地分成了初期和晚期两个阶段。6世纪20年代和30年代的生机和活力,从40年代开始就变成了内在的瘫痪和僵化。传统的罗马意识渐渐让位于基督教的象征体系。如果518年的查士丁尼能看到自己在565年留下的帝国的话,或许他也会感到陌生不已。

参考文献

一、综合性介绍与传记

Pauline Allen/Elizabeth Jeffreys (Hgg.), The Sixth Century. End or Beginning?, Brisbane 1996

Gian Gualberto Archi (Hg.), L'imperatore Giustiniano. Storia e mito, Mailand 1978

John W. Barker, Justinian and the Later Roman Empire, Madison/London 1966

Peter Brown, Die Entstehung des christlichen Europa, München 1996

Robert Browning, Justinian und Theodora, Bergisch Gladbach 1988

Averil Cameron, Procopius and the Sixth Century, London 1985

Averil Cameron/Bryan Ward-Perkins/Michael Whitby (Hgg.), The Cambridge Ancient History, Vol. XIV. Late Antiquity: Empire and Successors, A. D. 425–600, Cambridge 2000 (*das neueste Handbuch zur ausgehenden Spätantike*)

Alexander Demandt, Der Fall Roms. Die Auflösung des Römischen Reiches im Urteil der Nachwelt, München 1984 (*vor allem aus wissenschaftsgeschichtlicher Perspektive interessant*)

ders., Die Spätantike. Römische Geschichte von Diocletian bis Justinian 284–565 n. Chr., München 1989

James Allen Stewart Evans, The Age of Justinian, London/New York 1996

Herbert Hunger, Kaiser Justinian I. (527–565), in: ders. (Hg.), Das byzantinische Herrscherbild, Darmstadt 1975, 333–352 (*ein schöner Überblick über das Justinian-Bild in der älteren Forschung*)

Elizabeth Jeffreys/Brian Croke/Roger Scott (Hgg.), Studies in John Malalas, Sydney 1990

Pierre Maraval, L'empereur Justinien, Paris 1999 (*knappe, sehr instruktive Einführung*)

Jochen Martin, Spätantike und Völkerwanderung, München ⁴2001

Otto Mazal, Justinian I. und seine Zeit. Geschichte und Kultur des Byzantinischen Reiches im 6. Jahrhundert, Köln/Weimar/Wien 2001 (*ein Werk, das mit Vorsicht zu genießen ist; der Autor hat vielfach nur Abschnitte aus älteren Handbüchern zusammengefügt; das auf den ersten Blick imposante Literaturverzeichnis ist selektiv und nicht auf dem neuesten Stand*)

Mischa Meier, Das andere Zeitalter Justinians. Kontingenzerfahrung und Kontingenzbewältigung im 6. Jahrhundert n. Chr., Göttingen 2003

John Moorhead, Justinian, London/New York 1994

Karl Leo Noethlichs, Iustinianus (Kaiser), in: Reallexikon für Antike und Christentum, Bd. 19 (1999), 668–763 (*sehr informativ!*)

Berthold Rubin, Das Zeitalter Iustinians, Bd. 1, Berlin 1960; Bd. 2 (hg. von Carmelo Capizzi), Berlin/New York 1995 (*immer noch lesenswertes, wenngleich veraltetes und nicht vollendetes Standardwerk*)

Wilhelm Schubart, Justinian und Theodora, München 1943

Ernest Stein, Histoire du Bas-empire. De la disparation de l'Empire d'Occident à la mort de Justinien (476–565), Tome II, Paris/Brüssel/Amsterdam 1949 (*sehr minutiöse Ereignisdarstellung; wichtig vor allem wegen der Diskussion von Datierungsfragen*)

二、用于深入研究的文献

（以下仅列举部分文献，读者可通过此列表轻松找到更多专题研究资料。）

Susan Ashbrook Harvey, Asceticism and Society in Crisis, Berkeley/Los Angeles/London 1990 (*behandelt vor allem die Situation der Monophysiten im Osten des Reiches*)

Hans-Georg Beck, Kirche und theologische Literatur im byzantinischen Reich, München ²1977

ders., Die frühbyzantinische Kirche, in: Hubert Jedin (Hg.), Handbuch der Kirchengeschichte, Bd. II.2, Freiburg i. Br. 1975, ND 1985, 3–92 (*guter Überblick über die kirchenpolitischen Verwicklungen*)

ders., Kaiserin Theodora und Prokop. Der Historiker und sein Opfer, München 1986

Wolfram Brandes, Anastasios o δίκορος Endzeiterwartung und Kaiserkritik in Byzanz um 500, in: Byzantinische Zeitschrift 90 (1997), 24–63 (*zu den Endzeiterwartungen im 6. Jh.*)

Alan Cameron, Circus Factions. Blues and Greens at Rome and Byzantium, Oxford 1976, ND 1999 (*wichtiges Werk zu den Zirkusgruppen und zum Hippodrom*)

Manfred Clauss, Die συμφωνία von Kirche und Staat zur Zeit Justinians, in: Karlheinz Dietz/Dieter Hennig/H. Kaletsch (Hgg.), Klassisches Altertum, Spätantike und frühes Christentum. Adolf Lippold zum 65. Geburtstag gewidmet, Würzburg 1993, 579–593

Gilbert Dagron, Naissance d'une capitale. Constantinople et ses institutions de 330 à 451, Paris ²1984 (*zu Konstantinopel*)

Francis Dvornik, Early Christian and Byzantine Political Philosophy, Vol. II, Washington 1966 (*zum christlichen Kaisertum in der Spätantike*)

Isrun Engelhardt, Mission und Politik in Byzanz. Ein Beitrag zur Strukturanalyse byzantinischer Mission zur Zeit Justins und Justinians, München 1974

James Allen Stewart Evans, The Empress Theodora, Austin 2002

William Hugh Clifford Frend, The Rise of the Monophysite Movement, Cambridge 1972

Alois Grillmeier, Jesus der Christus im Glauben der Kirche, Bd. II 1 u. II 2,

查士丁尼大帝：统治、帝国和宗教

Freiburg/Basel/Wien 1986 u. 1989 (*ausführliche Darstellung der theologischen Kontroversen und der daraus folgenden kirchenpolitischen Verwicklungen*)

Herbert Hunger, Die hochsprachliche profane Literatur der Byzantiner, Bd. 1–2, München 1978

Ernst Kitzinger, Byzantinische Kunst im Werden. Stilentwicklungen in der Mittelmeerkunst vom 3. bis zum 7. Jahrhundert, Köln 1984

Hartmut Leppin, Theodora und Iustinian, in: Hildegard Temporini-Gräfin Vitzthum (Hg.), Die Kaiserinnen Roms. Von Livia bis Theodora, München 2002, 437–481

John H. W. G. Liebeschuetz, The Decline and Fall of the Roman City, Oxford 2003

Mischa Meier, Die Inszenierung einer Katastrophe: Justinian und der Nika-Aufstand, in: Zeitschrift für Papyrologie und Epigraphik 142 (2003), 273–300

Johannes van Oort/Johannes Roldanus (Hgg.), Chalkedon: Geschichte und Aktualität, Leuven 1997

Günter Prinzing, Das Bild Justinians I. in der Überlieferung der Byzantiner vom 7. bis 15. Jahrhundert, in: Dieter Simon (Hg.), Fontes Minores VIII, Frankfurt a. M. 1986, 1–99 (*zum Nachleben Justinians*)

Klaus Rosen, Iustinus I (Kaiser), in: Reallexikon für Antike und Christentum, Bd. 19 (1999), 763–778

ders., Iustinus II (Kaiser), ebd., 778–801

Eduard Schwartz, Zur Kirchenpolitik Justinians, in: W. Eltester/H.-D. Altendorf (Hgg.), Eduard Schwartz. Gesammelte Schriften, Bd. 4, Berlin 1960, 276–328 (*wichtige ältere Studie zu Justinians Kirchenpolitik*)

Dionysios Stathakopoulos, The Justinianic Plague Revisited, in: Byzantine and Modern Greek Studies 24 (2000), 256–276 (*Forschungsüberblick zur Pest*)

Karl-Heinz Uthemann, Kaiser Justinian als Kirchenpolitiker und Theologe, in: Augustinianum 39 (1999), 5–83 (*wichtige neuere Interpretation der Kirchenpolitik Justinians und ihrer Motivation*)

Aleksandr Vasiliev, Justin the First, Cambridge (Mass.) 1950 (*die bisher einzige Monographie zu Justin I.*)

Herwig Wolfram, Die Goten. Von den Anfängen bis zur Mitte des sechsten Jahrhunderts, München ³1990

474~491 年	东罗马皇帝芝诺在位。
476 年	西罗马最后一任皇帝罗慕路斯·奥古斯都路斯被废黜。西罗马帝国灭亡。
481/482 年	查士丁尼诞生。
488~531 年	波斯王科巴德在位。
491~518 年	东罗马皇帝阿纳斯塔修斯在位。
493~526 年	狄奥多里克大帝统治意大利。
518~527 年	东罗马皇帝查士丁一世在位。
519 年	君士坦丁堡和罗马的教会大分裂结束。
约 525/526~531 年	第一次波斯战争。
526~528 年	安条克多次发生火灾和地震。
527 年 8 月 1 日	查士丁尼成为东罗马的唯一统治者。
528~534 年	编纂《民法大全》。

529/530 年	巴勒斯坦的撒玛利亚人起义。
531 年	科斯劳一世继任波斯王（逝世于 579 年）。
531/532 年	与波斯人签订"永久"和约。
532 年	君士坦丁堡发生尼卡起义。
532 年	君士坦丁堡内举行迦克墩派和一性论派之间的宗教对话。
533/534 年	征服汪达尔王国。
535 年	第一次东哥特战争爆发（540 年结束）。
536 年	迫害一性论者。
536/537 年	地中海地区日月被遮蔽长达数月；气候变化，庄稼歉收。
536~540 年	东哥特王维提吉斯在位。
537 年	圣索菲亚大教堂落成。
539/540 年	保加利亚人入侵，重创希腊地区。
540 年	波斯人入侵；安条克被毁；第二次波斯战争爆发（561/562 结束）。
541 年	卡帕多契亚人约翰被撤职。
541/542 年	帝国全境发生鼠疫。
542 年	特里波尼安去世。

542~约 546 年　　鼠疫引发饥荒。

541/542~552 年　东哥特王托提拉在位；第二次东
　　　　　　　　哥特战争爆发（552 年结束）。

545 年　　　　　与波斯人签订五年停战协定；在
　　　　　　　　拉齐卡的交战继续进行。

546 年　　　　　约翰·特罗格利塔开始重建非洲
　　　　　　　　的秩序。

548 年　　　　　狄奥多拉逝世。

549 年　　　　　一场针对查士丁尼的阴谋被
　　　　　　　　挫败。

551 年　　　　　希腊中部和地中海东部地区发生
　　　　　　　　严重地震。

551 年　　　　　与波斯人续订五年停战协定；在
　　　　　　　　拉齐卡的交战继续进行。

552 年　　　　　纳尔西斯在"高卢冢"高地和拉
　　　　　　　　克塔留斯山击败东哥特军；托提
　　　　　　　　拉和他的继任者德亚战死。

自 552 年起　　征服西哥特位于西班牙的一些领
　　　　　　　　地。

553 年　　　　　君士坦丁堡大公会议（第五次跨
　　　　　　　　教派会议）批判"三章"。

557 年	君士坦丁堡发生严重的地震，导致圣索菲亚大教堂的穹顶坍塌。
558 年	君士坦丁堡第二次暴发鼠疫。
559 年	贝利撒留在君士坦丁堡前抵挡住了保加利亚人的一次凶狠进攻。
561/562 年	与波斯人签订五十年和平协定。
562 年	一场针对查士丁尼的阴谋被挫败；圣索菲亚教堂再度投入使用。
565 年 11 月 14 日	查士丁尼逝世。

图片信息

图 1   Louvre, Paris. Photo: RMN-Chuzeville,
       Paris

图 2   Photo: Sonia Halliday Photographs

图 3   Photo: akg-images/Jean-Louis Nou, Berlin

图 4   Photo: akg-images, Berlin

图 5   Photo: akg-images, Berlin

图 6   Photo: Scala, Antella (Firenze)

图 7   Deutsches Archäologisches Institut, Rom.
       Inv. Nr. 6191

图 8   Aus: J. Galey, *Das Katharinenkloster auf
       dem Sinai*, Belser-Verlag, Stuttgart/
       Zürich o. J., Abb. 77

图 9   Bildarchiv Preußischer Kulturbesitz, Berlin

图 10   Universitäts-Bibliothek, Budapest, Ms.
       35 fol. 144 v.

查 士 丁 尼 大 帝 ：： 统 治 、 帝 国 和 宗 教

查 士 丁 尼 大 帝 ： 統 治 、 帝 國 和 宗 教黑格尔曾说，那些为他们的人民制定了法典的统治者——"比如查士丁尼"——不仅造福了人民，而且是在完成一项正义的事业。法国拜占庭学者勒梅尔勒（Lemerle）却认为查士丁尼的统治在拜占庭的发展史中像是一个逆历史进程而行的"错误"。查士丁尼到底是何许人物？读者眼前的这本传记就简明扼要而又严谨客观地再现了这位饱受争议的君主的一生，以及他为东罗马帝国留下的遗产。是非功过，众人在读后自可再度评判。

笔者在此只想对翻译工作（尤其是专有名词的翻译）作一说明。由于遵循的读音规则不同，时下对拜占庭人名、地名的译法仍是种类繁多。最著名的例子自然是本书传主之名：查士丁尼与优士丁尼均是"Justinian"的音译。在译稿中，笔者参考了部分国内学者的著述和译作，尽可能地遵从了最为通用的译法（比如选择使用"查士丁尼"），但在其他情况下则尽量根据古希腊文或拉丁文的发音规则来翻译（比如名字中常见的"Theo-"——"神的"——这一前缀则都译作"狄奥"，而不用"塞奥""提奥"等）。文中涉及的罗马天主教教宗的名字则一律使用官方译名（比如同为"Johannes"，罗马教宗则译为"若望"，而其他人物则译为"约翰"）。另外，德国贝克（C. H. Beck）出版社的"知识丛书"（本书即是其中一册）收录的都是篇幅短小的百科类作品。为此，原书作者常在文中用括号简短地注明重要年份和概念，译文中都按原书做了同样的处理（斜体词语为古代语言的拉丁字母拼写）。

译者并非研究拜占庭史的专家，但因法律而与查士丁尼大帝结缘。今特译此传，还望读者方家不吝斧正。社科文献出版社的段其刚先生对翻译工作十分支持，友人梁颖通览了初步的译稿，笔者在此衷心感谢。一如惯例，文责当由译者自负。

2020 年 3 月于慕尼黑云雀谷

作者简介

米沙·迈尔（Mischa Meier）生于多特蒙德，为图宾根大学古代史教授，2010年成为图宾根大学新成立的"前现代时期欧洲研究中心"成员，同年成为海德堡科学院成员。

译者简介

陈思艾，留学欧洲多年，曾就读法国巴黎第一大学索邦法学院，获法学博士，现为德国马克斯普朗克社会法与社会政策研究所研究员；在研习法律之余，热爱欧洲历史与人文思想，曾参与翻译《皮亚杰文集》（李其维、赵国祥总主编）。

图书在版编目（CIP）数据

查士丁尼大帝：统治、帝国和宗教 / (德) 米沙·迈尔著；陈思艾译. -- 北京：社会科学文献出版社，2021.6

（生而为王：全13册）

ISBN 978-7-5201-8346-8

Ⅰ.①查… Ⅱ.①米… ②陈… Ⅲ.①查士丁尼(Justinian 483-565)-传记 Ⅳ.①K831.987=311

中国版本图书馆CIP数据核字（2021）第092702号

生而为王：全13册

查士丁尼大帝：统治、帝国和宗教

| 著　　者 / | [德] 米沙·迈尔 |
| 译　　者 / | 陈思艾 |

出 版 人 /	王利民
组稿编辑 /	段其刚
责任编辑 /	周方茹
文稿编辑 /	陈嘉瑜

出　　版 / 社会科学文献出版社·联合出版中心（010）59367151
　　　　　　地址：北京市北三环中路甲29号院华龙大厦　邮编：100029
　　　　　　网址：www.ssap.com.cn

发　　行 / 市场营销中心（010）59367081　59367083

印　　装 / 北京盛通印刷股份有限公司

规　　格 / 开　本：889mm×1194mm　1/32
　　　　　　本册印张：6.5　本册字数：91千字

版　　次 / 2021年6月第1版　2021年6月第1次印刷

书　　号 / ISBN 978-7-5201-8346-8

著作权合同
登 记 号 / 图字01-2019-3619号

定　　价 / 498.00元（全13册）

本书如有印装质量问题，请与读者服务中心（010-59367028）联系